JLA 図書館実践シリーズ 40

図書館多読の
すすめかた

西澤一・米澤久美子・粟野真紀子 編著
NPO多言語多読 監修

日本図書館協会

Introduction to Tadoku at Libraries

(JLA Monograph Series for Library Practitioners ; 40)

図書館多読のすすめかた ／ 西澤一［ほか］編著 ； NPO多言語多
読監修. － 東京 ： 日本図書館協会, 2019. － 198p ； 19cm.
－ （JLA図書館実践シリーズ ； 40). － ISBN978-4-8204-1817-7

t1. トショカン タドク ノ ススメカタ a1. ニシザワ, ヒトシ
a2. ヨネザワ, クミコ a3. アワノ, マキコ
s1. 読書法 s2. 英語－学習書 s3. 図書館資料 ① 015. 6

まえがき

　本書は,「JLA図書館実践シリーズ25」の『図書館多読への招待』[1)]で図書館多読に関心を持っていただいた図書館司書の方々が,実際に自館でも導入を検討してみようかと思われたときに読んでいただけるよう企画しました。多読は,日常生活では使う機会のない外国語としての英語を無理なく楽しみながら身につける方法として出発し,個人の学習と教育機関での実践を経て,社会人の生涯学習として図書館にも広がりつつあります。また,対象言語も英語だけでなく,外国語としての日本語や,韓国語をはじめとする外国語一般へも進展しつつあります。本書により,図書館多読の意義を確認し,そのはじめかたを知り,その広がりを感じていただければ幸いです。

　図書館多読の出発点となった,日本の英語多読は,酒井邦秀氏(NPO多言語多読理事長)が提唱した「多読三原則」ではじまりました。「辞書は引かない/わからないところは飛ばす/自分に合わないと思ったらやめて次の本に移る」は,学校時代の指導と正反対のため,戸惑われる方も少なくないと思いますが,和訳から卒業し英文から直接理解するためであるとわかると,優れた指針であると納得できます。
　振り返ってみると,国語が大好きで中学校の成績もよかった同級生はたいてい,文学少年少女でした。小学校の図書室

まえがき………iii

や市立図書館にも通い，大量の児童小説を読み漁っていたものです。大量の読書が母国語の言語能力を育て，物語の魅力がこれを支えていることを疑う人は少ないと思います。

　外国語教育の現場でも大量の読書（ER: Extensive Reading）の効果は広く知られ[2]，英語学習者のためにやさしく書き直された読本（GR: Graded Readers）は，欧州の学習者に広く利用されています。日本の高校でも，50年前に，英文から直接理解するために GR を用いた指導がなされていたことが報告されていますが，この指導が広まることはなく，やがて忘れられていました。今から考えると，欧州で普及した ER が日本で広がらなかった理由は，学習言語と母国語の距離の遠近にあると思われます。欧州の学習者は母国語と英語との距離が近く，単語の意味をイメージできれば文章も理解できるのに対し，英語との距離が遠い日本語話者が，語彙学習だけで英文の内容を把握できることはありません。これを補おうとして文法を学び，構文解析を用いた和訳をはじめると，いつしか読書が暗号解読に変質し，物語を楽しむことから遠ざかってしまうのです。

日本人には，読書による英語習得は難しいのでしょうか？

　この疑問に答え，初級者にも実施可能な道を開いたのが，「多読三原則」に象徴される日本の多読でした。読書を変質させてしまう和訳を避けるために，絵本の力を借りて，朗読音声も活用しながら（英文から直接理解する）読書をはじめから目指すのです。

　ただし，日常的に英語を使わない日本人が，多読をはじめ

iv

るためには数百冊以上の大量の絵本が必要で，個人で購入するには非現実的な経費がかかります。予算の限られた学校でも必要な図書を揃えることは容易ではなく，多くの利用者が図書を共有利用できる図書館に所蔵する意義が高いのです。

　本書のキーワードである図書館多読は，多読と図書館が出会ったときに生まれました。長年の課題であった日本人英語学習者のジレンマを解決する有効策と察した先行館が実践し，機能することを実証したのです。より詳しくは『図書館多読への招待』をお読みください。

　本書の執筆に際しては，先行館や利用者へのアンケート調査を行い，多くの実践報告を寄稿いただきました。その中で今後の図書館多読の方向性も徐々に明らかになってきました。多読に適した図書を体系的に整備し，利用者に多読の読みかたを伝え，多読に必要な図書情報を提供することだけが，図書館の役割ではありません。多読を通して集まった利用者が学習者コミュニティを構築することを助け，図書館が地域の知的活動を支える生涯学習の拠点として機能することが大切だと，実践を通してわかってきたのです。性別，年齢から英語力まで大きく異なる多様なメンバーが，多読コミュニティに集うことが特徴で，21世紀の社会を支える図書館の新しい機能としても注目しています。

　本書では，図書館多読に関心を持った図書館職員の方々が自館でもはじめてみたいと考えたときに参考となるように，導入時には何を検討し，どのような準備をしたらよいか，また，導入の先にはどのような未来を想定できるかを，先行館

まえがき………v

の経験に学びながら解説しました。

　本書の編集は，「NPO 多言語多読」のスタッフが手分けして担当しました。第Ⅰ部1章と第Ⅱ部1，2，4章は東海地方の公立図書館で多読にかかわってきた西澤一が，第Ⅰ部2章と第Ⅱ部3章は学校図書館での多読に詳しい米澤久美子が，また第Ⅲ部は日本語を含む多言語多読に詳しい粟野真紀子が担当しました。また，資料編は「NPO 多言語多読」が結集して構築した関連情報を大賀美弥子がまとめています。

　図書館司書のみなさんを中心に，図書館多読の実践例を全国から数多く寄稿いただき，本書の実用的な価値を高めることができました。それぞれの執筆部分の最後に名前と所属が記してあります。

　「NPO 多言語多読」のホームページ[3]には，本書に書ききれなかった追加情報がアップしてあります。特に，「多読・TADOKU の知りたいことすべて」には，本書資料編に加えることができなかった詳細情報があります。また，「図書館の森に，多読の木を植えよう」は，2018 年までに 5 回実施してきたシンポジウム「図書館多読への招待」の報告，配布資料，発表ポスター等とともに，次回シンポジウムの開催案内を掲載していますので，参考にしてください。

　本書を参考に図書館多読をはじめられたみなさんが，図書館を地域の生涯学習の拠点に育て上げられるのを楽しみにしています。

2018 年 12 月

西澤　一・米澤久美子・粟野真紀子

注

1）酒井邦秀，西澤一『図書館多読への招待』（JLA 図書館実践シリーズ 25）日本図書館協会，2014.

2）Day, R. R., Bamford, J. *Extensive reading in the second language classroom*, Cambridge, Cambridge University Press, 1998.

3）NPO 多言語多読ホームページ　http://tadoku.org/（参照 2018-11-10）

目 次

まえがき　iii

第Ⅰ部　図書館多読とは ⋯⋯⋯⋯⋯⋯ 1

●1章●　多読の効果と図書館の役割 ⋯⋯⋯⋯⋯⋯ 2

1.1　多読の効果とそのしくみ　4
1.2　図書館の役割　12
1.3　多読用図書の利用者　20
1.4　多読による地域コミュニティの活性化　26
1.5　親子多読への進展　29
1.6　大府で多読「英語で本を読み隊」　30
1.7　今後の展望　33
1.8　まとめ　35

●2章●　図書館多読のはじめかた ⋯⋯⋯⋯⋯⋯⋯⋯ 38

2.1　図書館サービスでの位置づけ　40
2.2　新宿区立四谷図書館　43
2.3　多読について学ぶ　46
2.4　導入にむけて　48
2.5　導入準備　52
2.6　コレクションの形成　55

contents

2.7　多読を導入した図書館運営　57
2.8　墨田区立ひきふね図書館　63
2.9　評価・点検　70
2.10　見直し　74

第Ⅱ部　図書館多読の現状 ……………… 79

●1章●　**図書館多読の現状** ……………………………… 80

1.1　図書館多読の広がり　81
1.2　先行館へのアンケート調査　83

●2章●　**公共図書館から** ……………………………… 91

2.1　多治見市図書館　91
2.2　おおぶ文化交流の杜図書館　97
2.3　知多市立中央図書館　99
2.4　岐阜県図書館　102
2.5　東京都立多摩図書館　104

●3章●　**学校図書館から** ……………………………… 108

3.1　学校図書館では　108
3.2　岐阜県公立中学校　110
3.3　文京学院大学女子中学校高等学校　113
3.4　東京都立府中東高等学校　116

目 次

●4章● 高専・大学図書館から ································· 120

4.1 豊田工業高等専門学校　120
4.2 沼津工業高等専門学校　125
4.3 有明工業高等専門学校　127
4.4 北海道大学　130
4.5 鶴見大学　133
4.6 神戸学院大学　135
4.7 静岡県立大学　138

第Ⅲ部　多言語多読と図書館 ········· 141

●1章● 多言語多読と図書館 ································· 142

1.1 日本語多読の広がり　142
1.2 米国ノートルダム大学での図書館日本語多読　144
1.3 国際交流基金関西国際センターにおける日本語多読
の実践－司書と教師の協働から　151
1.4 新宿区立大久保図書館の日本語多読ワークショップ
の取り組みについて　157
1.5 韓国語多読の会　163

【資料編】はじめての図書館英語多読　最初に揃えたい，次に揃えたい
やさしい絵本，シリーズもの　168

おわりに　187
索引　191

第 I 部

図書館多読とは

　第Ⅰ部では，図書館多読の意義と必要性を理解していただけるよう，英語多読の効果と図書館の役割について概説します。

　まず，1章では日本人が長年苦労してきた外国語としての英語習得に多読が効果を上げる理由と，多読における図書館の役割，また，大人の利用からはじまり，多読による地域コミュニティの活性化から親子多読へと発展した事例について，図書館多読利用者の実態を調べたアンケート調査の結果も交えて紹介します。

　2章では図書館多読に関心を持った図書館職員が，図書館多読をはじめる際の手順を，図書館サービスにおける位置づけから，導入の検討，準備，導入の実際と評価・点検，見直しまで，順番に説明します。

1章 | 多読の効果と図書館の役割

　グローバル化社会における共通言語として英語の必要性が喧伝されていますが，日常的に英文を読む習慣を持つ日本人は少なく，基幹図書館が所蔵する英文図書もそれほど利用されていませんでした。数千冊ものハードカバーや全集が使われないまま書架を飾り，あるいは閉架に眠っている例も珍しくありませんが，その主因は，多くの日本人が英文を「読めない」ことにあります。学生時代に英語講読で学んだ構文分析や英文和訳は，短文を深く理解するには有効なものの，長文の読書を楽しむには不向きです。その英文和訳法で英文小説の読書に挑み，挫折する例が後を絶ちません。一時期，書店店頭に平積みされた児童書 Harry Potter がよい例で，未読了者の多くは，辞書を片手に読みはじめたものの，第 1 巻の 1 章を読み終える前に疲れてしまっていました。和訳版なら 1 日で読了する物語を読みきるのに数か月もかかるのでは，もはや読書とはいえません。館外貸出期間内に 1 冊を読了できないのも図書館の英文図書が利用されなかった一因でしょう。

　このような状況は，英語多読により変わります。多読では英文和訳を避け，英文から直接物語の内容を把握するために，きわめてやさしい英文で書かれた絵本から読みはじめます。知らない単語や表現（の日本語訳）を気にすることなく物語を楽しむことで，読者は次第に英語の世界にどっぷり浸かるよ

うになり，累積100万語の英文を読破する頃には，読書時に日本語が思い浮かぶこともなくなってくるのです。絵本からはじめた読書が，外国語としての英語学習者向けの読本や，英語圏の児童書やヤングアダルト小説から，大衆小説へと発展する英語多読は，2002年発刊の『快読100万語！　ペーパーバックへの道』[1]で紹介され，主として社会人に実践されてきました。長年，英語学習を続けてきたのに，ペーパーバックはおろか，児童小説さえ読めないと嘆いていた人が，読みかたを変えた結果，英文読書を楽しめるようになったとの事例が続出しました。

　その後，多読は一部の大学・高専，私立中高一貫校，学習塾，個人の英語教室等での授業，あるいは課外活動として採用されました。例えば，多読授業を7年継続実践した豊田工業高等専門学校（豊田高専，電気・電子システム工学科）では，創立50年の歴史で卒業生の最大の弱点であった英語嫌いが克服されました。ロボット・サッカー競技の世界大会で学生が英語を使うことに躊躇しなくなり，最上級生のTOEIC（Test of English for International Communication）平均点も，多読授業導入前（2003年）の300点台前半から627点（2014〜2018年，専攻科2年16人）に上昇し，英語圏留学（10か月）直後の本科3年生（2005〜2010年，88人）平均606点を超えています[2]。

　教育機関附属図書館への多読用図書導入も増え，一部公立図書館への多読用図書の導入もはじまりました。多読用図書，特に，入門期に不可欠なシリーズ絵本は，ページ数も少なく1冊数分〜10分程度で読める長さながら，延べ数百冊を読むことが普通であり，また，同一タイトルを何度も繰り返して読むことがまれであるため，図書館の蔵書を利用者が共有す

る意義が高いといえます。また，これまで利用度の低かった英文（一般）図書を多数所蔵する基幹図書館では，多読用図書がこれら既存図書の利用を高める効果も期待できます。

　例えば，東海地方の公立図書館では，2005年前後に多読コーナーを設置した小牧・蒲郡両市立図書館（愛知県）を筆頭に，この13年で多読用図書を導入する公立図書館が増え，2018年5月には4県で25館を超える図書館が多読コーナーを設置して住民向けサービスを展開しています。中には，浜松市立図書館（静岡県）や，豊橋市立図書館（愛知県）のように，やさしい絵本から一般小説につながる多読用図書を体系的に収集した中央館と，入門用のやさしい絵本を重点的に配置した複数の分館が連携することで，中心部から離れた地域の住民にも配慮したサービスを展開している例や，多治見市図書館（岐阜県），おおぶ文化交流の杜図書館（大府市　愛知県）のように，図書館が利用者のコミュニティ形成を支援し，多読用図書を利用する住民のコミュニティが本来，個人活動である多読の長期継続を支えるしくみとして機能している例も出てきており，図書館が地域の幅広い市民の生涯学習の拠点として機能する例としても注目を集めています。

　本章では，このような英語多読のしくみと図書館の重要性，および地域の知的活動を支える活動への展開例を説明します。

（西澤　一）

1.1 多読の効果とそのしくみ

（1）　英文和訳の弊害

　日本では6～10年間，学校，大学で教育を受けながら，大

多数の卒業生が児童小説1冊を読み切ることができない状況が数十年続いているわけですから，そこで採用される英文和訳は読書に適していないのでは，と疑問に思うのも自然です。もちろん，英語圏の小学校高学年向けの児童小説で使われる英文が，外国語学習者にもやさしいとするのは誤認ですし，Harry Potter 第1巻の7万7千語の英文は外国語のテキストとしては長いといえますが，より短い5千語程度のテキストで，小学校低学年向けに書かれた Magic Tree House シリーズでさえ，楽しんで読める人が少ない現実は直視するしかありません。英文和訳のどこに問題があったのでしょうか。

英文和訳の弊害としてわかりやすいのは，読書速度が極端に低下することです。英語が母国語の読者はゆっくり読んでも毎分200語以上，外国語の読者でも（和訳しなければ）毎分100語以上では読めますから，Harry Potter 第1巻（7万7千語）をそれぞれ6.4時間，12.8時間で読み切れます。英語が外国語の読者でも，好きな作品なら週末の2日で十分，2週間の貸出期間なら余裕を持って読み切れるはずです。ところが，英文和訳で読むと読書速度が極端に低下し，未知語を辞書で調べはじめるとさらに多くの時間が必要になります。さらに，英語と日本語を同時に使いこなすために精神の集中を強いられ，短時間で疲れてしまうのです。1回の読書時間内に読むことのできるページ数が少なくなると，物語の印象も薄れ，いつしか読書が語彙・文法学習に変質してしまうのです。

(2) 絵本の有効性

英文読書を楽しむためには，英文和訳から卒業するしかありませんが，無理して物語の内容がわからなくなっては元も

1章　多読の効果と図書館の役割………5

子もありません。そこで多読の入門には，大人でも絵本を使います。英文和訳してテキストの内容を理解する代わりに，さし絵をじっくり見て物語の展開を楽しむのです。さし絵だけで物語を味わえるようになれば，日本語も不要になります。英文和訳から脱すると，後ほどさし絵の少ない図書を読むときの読書速度も自然に上がってくるのです。

　例えば，多読入門用として人気の高い Oxford Reading Tree（ORT）シリーズは，全部で 200 作以上のタイトルで物語の世界を共有しており，背景知識も物語の理解を助けます。主役の家族 5 人とペット，友人，親族，近所の人々まで共通する登場人物と生活環境を知れば知るほど，物語の世界に入りやすくなりますから，たとえタイトル以外，テキストが 1 語も含まれない作品でも，さし絵で展開される物語を楽しんで読む価値が高いのです。日常的に英語を使っており和訳する習慣のない人以外は，絵本からはじめるのが（和訳から卒業するための）早道です。

　もし内容が幼稚すぎると，絵本をスキップし，より長いテキストから読みはじめた人が，数百万語読んでもラクに読めるようにならないと嘆かれる場合は，和訳から脱していないのが理由と考えられるので，適切な助言は「まずは，絵本でさし絵を楽しみましょう」になります。

(3)　読書量 300 万語で留学 10 か月相当に

　2003 年度から 7 年継続の多読授業を展開している豊田高専（電気・電子システム工学科）のアンケート調査では，平均 130 万語を読了した専攻科修了生 9 人が，自らの多読体験を振り返り，平均 82 万語で「英文を読めると感じるようになっ

た」，平均89万語で「英文の読書中に，日本語があまり思い浮かばなくなった」と答えています。

また，入学時には英語に苦手意識の強い高専生では，延べ60万語程度は読まないとTOEIC得点上昇を確認できませんが，100万語読破後は英語が苦手だった学生も含めて，Reading得点とListening得点を均等に伸ばしています。実際に100万語以上を読破した学生の累積読書量に対するTOEIC得点を追跡調査したグラフ（下図：左）では，開始時の英語力にかかわらず読書量の増加によりTOEIC得点が伸びており，このグラフを英語圏に10か月留学した高専生のTOEIC得点分布（下図：右，平均606点）と比較すると，平均的な学生は200〜300万語の多読で，留学10か月に相当する得点を得ていることがわかります。多読をすれば，TOEIC試験勉強は不要です。

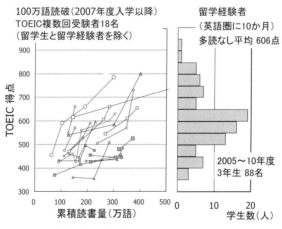

100万語以上読んだ高専生のTOEIC得点追跡調査結果

さらに，6，7年目の学生は，アウトプット（話す，書く）活動にも無理なく対応できており，多読は4技能の育成につながると判断しています。

英語の得意な大学生は，より少ない読書量で効果を感じる可能性もありますが，中高生や，普通の大学生，社会人は，高専生と同程度の読書量が必要でしょう。誰もが200〜300万語を読破できる長期継続の多読プログラムは，通常の教育機関の修学期間を超えるため，中高連携，高大連携等，複数機関の連携や，生涯学習への連結が必要になります。また，図書館の多読支援でも，利用者が長期継続できる支援のしくみをつくることが重要です。

(4) 失敗は英文レベルの選択ミスから

多読授業は50年以上も前から提唱されていましたが，日本での成功例は多くありません。失敗の理由は，読書量不足（留学10か月相当の英語力育成には200〜300万語必要）を除けば，英文レベルの選択ミスが多いようです。図書館で英語多読をはじめた社会人でも，内容が幼稚，表現が単調との理由で絵本を避け，高めの英文レベルで読みはじめたために，英文和訳から脱却できず，次第に読書に疲れ，しばらくして読書を止めてしまう事例が後を絶ちません。

レベル設定に際しては，特に母国語が英語と近い欧州人向けである「エディンバラ大学多読プロジェクト」（EPER）の推奨英文レベルに注意が必要です（次ページのグラフの実線）。このレベルは，日本人が英文和訳で読めるレベルと（偶然）一致するため，多くの実践者がこのレベルの英文を選び，いつまでたっても読めるようにならないと悩むことが多いのです。

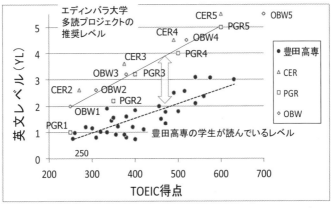

欧州人と日本人向け多読プログラムにおける英文の読みやすさの違い

　豊田高専の学生が実際に読んでいるレベルは，EPER 推奨レベルと比べると，ずいぶん低いことがわかります（上図の破線）。例えば，TOEIC 400 点程度の学生では，EPER 推奨レベルの Oxford Bookworms Stage 3（OBW 3: YL（Yomiyasusa Level: 0.0〜9.9 で表示）[3] 3.2，語数 12,000 語）は読めません。和訳しないと内容を理解できず，数ページで疲れてしまい，とても 1 冊を読み切れる状態ではありません。他方，多読経験 2〜3 年目であれば，Cambridge English Readers Level 1（CER 1: YL 1.4, 語数 4,000 語）なら楽しんで読めます（もちろん，よりやさしい絵本から読みはじめていることが前提です）。また，TOEIC 600 点程度の英語圏留学経験者（高専 3 年生）も，OBW3 は楽に読めるものの，Pearson Readers Level 5（PGR 5: YL 5.0）を読むには集中力が必要で，楽しんで読むことは難しいと語っています。

　英文から直接内容を把握でき，楽しんで読めるレベルと，

和訳しなければ内容を理解できないレベルを混同しないことが，多読の成否を分けると考えてよいでしょう。

(5) 朗読音声の活用

英文和訳から卒業するには，朗読音声を用いた「聴き読み」も有効です。聴き読みとは朗読音声を聴きながらテキストを読むことで，聴き読みでは朗読音声を途中でポーズすることなく，最初から最後まで通して聴き，そのペースに合わせてテキストを読みます。最初は，朗読音声をペースメーカーとして利用し，テキストから内容を把握します（音声から内容を把握しようとはしません）。当初は，単語レベルの発音がテキストと朗読音声でずれることが気になるかもしれませんが，慣れてくると，朗読音声があった方が読みやすく感じられるようになります。朗読のペースに合わせて読むので，構文解析をしたり，英文を和訳する余裕がなくなります。また，朗読をペースメーカーとして使っているだけのつもりでも，長い時間英語の音声に触れていると，英語のリズムやイントネーション，ローマ字読みとの違いにも，だんだんと慣れてくるので，一石二鳥なのです。

(6) 4技能の育て方

大人向けに，多読による4技能の育て方をまとめると，次ページの図のようになります。まずは，入門用の絵本多読からはじめます。豊富なさし絵から，物語の内容を理解し，その助けを借りて英文を読み，脳裏にイメージ（画像）を思い浮かべる練習をします。また，読書中はなるべく日本語を思い浮かべないよう努力します。辞書引き，文法解析，ノート取

りは，日本語を使うきっかけとなってしまうので，なるべく避けます。次に，朗読を聴きながら読む聴き読みをします。朗読のペースで英文から直接内容を理解する読みかたを身につけ，同時に，英語の音のリズムに慣れるのです。

　話す・書く等のアウトプットは，豊富なインプット（聴く・読む）を体験してからはじめても遅くはありません。アウトプット活動は実効感が高く，動機づけには有効ですが，和文を英訳して発話しても効果を期待できませんし，楽しくありません。

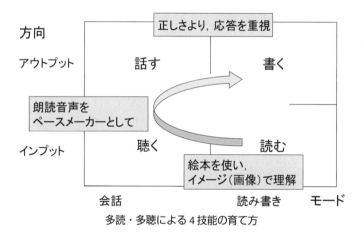

多読・多聴による４技能の育て方

　また，留学，業務等で日常的に英語を使える環境にある人を除くと，アウトプットだけで英語力向上に必要な体験を積むことには無理があります。例えば，（日常会話には不自由なものの）既知の英文を聞き取ることができるために必要な300時間の体験を積むためだけでも，週1回，年間30時間の

1章　多読の効果と図書館の役割

英会話を 10 年続ける必要があります。それ以上の時間をアウトプット活動に費やすには，生活のリズムを大きく変える必要があるため，より手軽に，より多くの英語使用体験を積むことのできる多読（多聴）を中心とするのが現実的といえるのです。さらに，多読・多聴でリスニング力が向上し，相手の発言をほとんど聞き取れるようになれば，リラックスした片言会話も楽しめますので，焦らなくてもよいと考えます。

（西澤　一）

1.2 図書館の役割

　図書館における（英語の）多読用図書コーナーの役割は，（日本語の）児童書コーナーに似ています。前節で述べたように，日常生活では英語を使わない日本人が英語で多読をはじめるためには，豊富な種類とタイトル数の図書，特に入門期には，絵本や GR（Graded Readers），児童書等，短くて薄い本が大量に必要です。また，通常 1 タイトルを繰り返して読むことはなく，ほとんどの本は 1 回しか読まれないため，個人で所有するのはきわめて非経済的なため，図書館が所蔵して誰でも気軽に利用できる環境を整備することが期待されるのです。

　このように，図書館が多読入門に適したやさしい英文図書を所蔵する意義は大きいのですが，前節で述べたように，和訳を避けて英文から内容を直接理解することを目指す多読の読みかたは，現在も学校英語教育で主流となる英文和訳を常識とする一般認識からかけ離れていることもあり，多読授業を受講していない中高生に使ってもらうことは難しいのが現実です。多読用図書の最初の利用者として想定できるのは，

公立図書館では英文小説を楽しんで読めるようになりたいと考える社会人，大学・高専附属図書館では授業時間外にも英文読書を継続できる学生となるでしょう。いずれも図書館利用者に占める比率は高くないものの，以下に述べるステップで多読環境を整備することで，活発な利用を期待できます。

（1） 多読用図書導入で休眠中の英文図書を活性化

ただ大量の英文図書を所蔵することが，多読用図書を整備することと，必ずしも一致しないことには注意を払う必要があります。例えば以前から，中央図書館等，各地域の大規模館では，数千冊から数万冊に達する英文図書を所蔵することは珍しくありませんでしたが，これらの図書はあまり利用されず，休眠中ともいえる状態でした。これらの図書館（多読用図書未導入館）の英文図書には 3 つの欠落個所があり，英文図書の利用が限定される要因になっていたと考えられます。それらの欠落個所を認識し，必要に応じて補強することが，多読用図書を揃える出発点となります。

多読用図書未導入館では，第一に，入門用となる英文絵本のタイトル数が不足していました。また所蔵絵本も，母国語話者には高い評価を得ているものの，外国語話者には理解が難しい表現を用いる有名作品が中心でした。そのため，日本人がそれらの絵本で英語読書をはじめようとすると，表現のやさしい限られたタイトルを何度も繰り返し読まざるを得なくなり，日本語による絵本読書に比べて単調で訓練色の強い活動を強いられた利用者が，早期に挫折してしまうケースが多かったのです。これを補うために，多読用図書導入館は英文読書の入門に適した学習用絵本シリーズを導入しています。

1 章　多読の効果と図書館の役割………13

例えば，導入例の多い Oxford Reading Tree（ORT）シリーズは，さし絵だけの絵本からテキスト長 1,500 語で，英語圏の小学校 1 年生向け読本まで 200 冊以上の絵本で構成されており，延べ十数時間をかけて全タイトルを読み切る頃には，和訳を経ずに英文を直接理解する読みかたの意義を，体験的に理解できるようになる利用者が多いのです。

　次に，多読用図書未導入館では，英語圏の小学校低学年向けの児童書も不足していました。その結果，絵本を読み終わった利用者が次に読む本が，小学校高学年向け児童書となってしまっていました。絵本と高学年向け児童書では使用語彙・表現が大きく異なり，テキストの長さもけた違いのため，利用者がそのギャップを越えることは難しかったのです。これを補うべく，多読用図書導入館は英語圏の小学校低学年向けの児童書を導入しています。ただし，このレベルの児童書は出版国での人気の移り変わりによる絶版も少なくなく，導入時の図書情報収集が欠かせません。

　さらに，これら英語圏の子ども向け図書は，その内容が日本人の大人が読みたいと感じるものと乖離しているため，利用者から忌避されることも少なくありませんでした。その結果，児童書を飛び越えていきなり一般小説から読みはじめようとして，挫折を繰り返す社会人利用者が多かったのです。これを補うべく，多読用図書導入館では外国人学習者向けに書かれたレベル別の読本（GR）もあわせて導入しています。一般小説をやさしい英文で書き直した作品や，一般小説と同一ジャンルのオリジナル作品が，使用語彙，表現，テキスト長の段階別に準備されているため，その内容は大人の関心とも近く，絵本と一般小説をつなぐ読本として利用されていま

14

す。GR はレベルごとに語彙，文法構造が制限されているため，やさしい英文でまとまった内容の読書ができます。また，GR の文章表現が単調でおもしろみがないと感じるようになったら（進歩だと思います），より自然な英文読書へと進む準備ができたと考えてもよいでしょう。

　愛知県を中心とする東海地方で多読用図書を整備した公立図書館では，多読コーナーに多読入門に適した既蔵の英文図書を集め，さらに上述の欠落個所の一部，もしくは全部を補う図書を追加導入することで，多読用図書体系を整備しています。例えば，一宮市では旧豊島図書館が 2007 年度に入門用絵本シリーズと GR を追加導入し，既存の英語絵本，児童書，一般書と合わせた多読コーナーを設置しました。新設の中央図書館に多読コーナーを移管後も，利用者の要望に応えながら拡充させてきています。

　大学・高専附属図書館でも，学生の英語学習の環境整備のため多読用図書を導入する館が全国的に増えていますが，実際に多読指導が効果を上げている一部の機関を除き，大学附属図書館の導入図書は GR が中心で，よりやさしい図書，特に，入門用絵本を所蔵していない例がほとんどです。「絵本は大学教育になじまない」との先入観が理由と考えられますが，入門用絵本がない場合には，英語専攻以外の学生，特に工学系等，英語に苦手意識を持つ学生が図書館の蔵書で多読をはじめ，読みすすめることは難しく，利用が広がることは期待できません。多読により学生の英文読書観が変化し，苦手意識を克服する効果は比較的早期に現れますが，例えばTOEIC 等の標準試験で集団の平均点が顕著に上昇するまでには，100 万語以上の読書量が必要なことが多いため，実際

1 章　多読の効果と図書館の役割………15

にそのような効果を提示できる大学は少ないのではないでしょうか。これに対し高専附属図書館では，ORT等の入門用絵本シリーズも含めて導入しており，より体系的に多読用図書が整備されています。ただ，より若い学生を受け入れている高専では多読が効果を上げるためにより長い継続期間が必要で，また多読の読み方を伝え個々の学生の本選びを支援する多読授業が不可欠なため，図書館に多読用図書が整備されただけでは利用が広がらない現実もあります。

(2) 配架の工夫と図書情報の提供

　多読用図書の配架には工夫が必要です。すでに多くの英文図書を所蔵している館では，英文図書が子ども向け図書，語学書，洋書等，複数の書架に分散配架されている例が多いと思われますが，多読用図書が館内に分散配置されると，利用者に見えにくくなります。専用コーナーに集めて配架するのが最も利用者にわかりやすく，新規導入の場合には専用コーナーを設けることをおすすめします。既存の関連図書を1か所に集めるだけで，多読用に適した図書が揃う館もあるかもしれません。関連図書の書架変更が難しい場合も，関連図書の書架を示す館内マップは準備したいものです。

　配架の工夫に加え，利用者が各自に適した図書を手軽に選べるよう，各図書の英文レベル，語数(テキストの長さ)，ジャンル等，本選びの情報を提供することも大切です。多くの導入館では，例えば，各図書の裏表紙に本選びの情報を表示するシールを貼ったり，シリーズごとに本選びの情報を集めた図書リストを準備し，これをホームページで公開する等の工夫をしています。

多読をはじめた利用者が挫折する大きな要因として，和訳しないと理解できない英文図書を無理して読み続け，疲れてしまうことがあります。これを避けるためには，各図書の読みやすさ，もしくは，英文レベルを提示することが有効なのですが，各出版社が TOEIC 等の得点をベースに推奨する英文レベルは，（和訳はできるが）ラクには読めない高めのレベルであることが多いので注意が必要です。また，文章の単語数や難易度，構文の複雑さ，長さの分析結果から算出された Lexile（R）指数も，図書館多読に必要なやさしい英文領域では表示が粗すぎて使えません。

そこで，多読授業を導入した教育機関では，「SSS 英語多読研究会」が設定した YL を英文レベル表示に利用する例が少なくありません。現場で多読指導を実践してきた感覚では，大雑把に YL 1.0 が英語圏の小学校新入生レベル（したがって，多読の入門に必要なのは，YL 0.0〜1.0 の大量の絵本）で，3 年生に相当する YL 3.0 の児童小説を楽しむことができれば，自律的に本を選べるようになると感じています。

ただし，YL は小数点 1 けたまで表示されているため，あたかも正確な指標であると誤解されやすいのですが，正確な指標として取り扱うと弊害も多いので注意が必要です。例えば，Pearson English Readers（旧 Penguin Readers）等，出版社ごとに設定された GR のレベル表示を調節し，複数のシリーズを読みやすさ順に並べるには YL が役立ちますが，同じ YL でも，GR と英語圏の子ども向けに書かれた絵本，児童書では，読みやすさが大きく異なることが普通です。また，YL は社会人学習者の集団が主観的に判断した平均的な読みやすさを数値化してきたもので，見直しにより値が変更されたものも少

なくありません。利用する場合も，あくまで参考指標の一つと捉えることが必要です。

多読入門時には，テキストの長さ（総語数）で読みやすさが変化しますので，英文レベルの代替指標として，各図書の総語数を表示することもできます。例えば，0〜500 語，500〜1,000 語，1,000〜5,000 語，5,000〜10,000 語，10,000〜30,000語，30,000 語以上に分ければ，同じ系列の本の読みやすさと異なることは少ないでしょう。

英文レベルを表示する際には，正確さを追求せず，一つの目安と割り切って使用するか，群別表示とするのが，実践的でしょう。本書の資料編では，多読用図書の読みやすさを 7色の群別に表示していますので，参考にしてください。

(3)　中央図書館と分館の役割分担

広域都市の図書館では，中央図書館と分館が連携して図書館サービスをしていますが，多読用図書はどのように配分するのがよいでしょうか。浜松市立および豊橋市図書館では，中央図書館に多読用図書の大部分を集めながらも，入門用絵本シリーズを中心としたやさしい本は，複本を準備して遠隔地の分館にも配分する体制を敷いています。入門用絵本はページ数も少なく，数分で 1 冊を読んでしまうこともあるため，中央図書館に集約した図書を，利用者のリクエストに応じて分館に配達する方式では図書の移動によるロスタイムの比率が高くなりすぎるからでしょう。豊橋市図書館では，2 つの分館に配置した絵本シリーズを季節により転換することで，分館に近い住民に新しいタイトルを届ける工夫をしているそうです。

他方，レベル2以上のGRやYA小説，一般小説等，1冊の読了に1時間以上かかる図書は，一部の人気本を除き，中央図書館に集約するのが効率的といえます。

中央館と分館における多読用図書の配分例については，浜松市立図書館のホームページ[4]を参考にしてください。

(4) 潜在利用を広報で喚起

多読用図書を導入し，利用環境を整備したら，次のステップは広報です。図書館内掲示，市町村広報，図書館ホームページ，公式SNS等を活用して，多読用図書の存在を潜在的な利用者に広報しましょう。すでに多読に関心を持っている広範囲の人々に伝えるにはインターネット上での広報が有効ですが，ネット情報は関心の薄い大部分の人には伝わりません。「多読は初耳」という人々に知ってもらうには紙媒体の広報を活用し，口コミに頼る方が効果的です。図書館や関連機関の職員や，地域の機関やグループ，個人に多読用図書の存在を知ってもらい，利用者を開拓する継続的な取り組みが求められます。

近隣市町村に導入館がない場合には，遠方からの来館者も期待できますので，多読用図書を整備した図書館を紹介する外部サイトの活用も検討しましょう（p.78および資料編p.158～159に記述）。他方，近隣地域に導入館がある場合は，積極的に情報を交換し，広報でも連携することが有益でしょう。

（西澤　一）

1.3 多読用図書の利用者

　多読用図書を体系的に整備した公立図書館では，子育て世代，シニア世代を中心に利用者が着実に増えつつあります。英文和訳での読書に挫折したものの原文での読書を楽しみたい作品がある，海外旅行や国際交流活動でより気軽に英語を使いたい，子育て後や将来に備えたい等，はじめた理由はさまざまですが，日常生活で英語を使う機会がない環境下では，運用能力向上に必要な使用体験を積むことが難しい従来の学習法に限界を感じている点が，実践者に共通しています。たとえ英会話教室に毎週通っても NHK のラジオ講座を視聴し続けても，なかなか上達しません。その理由は前節で述べたように明白で，これらの学習では（日本語の解説ではなく）自らが実際に英語を（読み聞き話し書く等で）使っている時間が足りないからです。わずか年間 30 時間程度の使用時間で外国語を使えるようになると期待するのはずいぶんと虫のよい話で，日常業務で英語を使う人以外がそれ以上，例えば年間 100 時間以上英語に触れ続けるには，経済的理由からもインプット（多読多聴）に頼らざるを得ないのが現実です。

　社会人の場合，多読開始時の英語運用力が高い人は，和訳を避ける必要性を認識するだけで，最初から物語を楽しめ，また早期に効果を実感できることも少なくありませんが，大学受験直後の英語力が最も高かったと自己評価する大多数の社会人は，入門用絵本からはじめないとなかなか英文和訳から卒業できません。そのために大量のやさしい英文図書，特に入門時には数百冊の入門用絵本を必要とするのが普通です。

　すなわち，公立図書館の多読用図書の利用者の多くは，き

わめてやさしい英文図書から読みはじめることが必要なのですが，やさしい英文は英文和訳に慣れてきた利用者には物足りないと感じられるようで，書架に並べるだけではなかなか利用されません。これを放置すると，より手応えのある図書からはじめた結果，英文和訳のクセが抜けず，たくさん読んでいる割には読めないと悩む利用者が増え，多読用図書の利用が低迷する原因にもなります。これを防いで多読用図書を適切に利用してもらうには，多読の必要性，英語和訳との違い，英文を読めるようになるしくみを含め，利用者に多読の読みかたを理解してもらう「読みかたの紹介」が必要です。

　多読の読みかたを紹介する入門講座を開くのは有効です。例えば，前述の一宮市立旧豊島図書館では，2008 年 5 月に英文多読講座（読書体験を含む 3 時間 × 2 回）を実施したことを契機に，利用者の理解が深まったようで，多読用図書を含む洋書の年間貸出冊数が前年度から倍増しました。また，豊田高専図書館では，館内で行われる正規の多読授業に，一定数の社会人受講生を受け入れる公開授業を春秋各学期に実施していますが，毎期とも多くの申し込みがあります。公開授業で多読入門を終えた社会人受講生は，多読の読みかたを知っているので，講座後も引き続き図書館の多読用図書を利用して多読を続けています。

　図書館や関連機関の職員が自ら多読を体験し，利用者のニーズを把握するのも有益です。意外に手強い有名な英語絵本に対し入門用絵本シリーズは格段に読みやすいこと，中学校で学ぶ基本語だけで書かれた本でもテキストが長くなり 3 千語を超えると読み切るのがつらくなること，Harry Potter は第 1 巻の第 1 章を読むだけでも手強いこと等，自ら体験すれば

納得できます。入門用絵本シリーズから読みはじめて，例えば OBW 1（YL 2.0〜2.2）等レベル 2 の GR なら楽に読めるようになった体験を持つ関係者が複数人になれば，追加導入図書の選書，利用環境の整備にも，利用者の視点を生かすことができるようになります。

（1） 図書館多読利用者アンケートにみる成果

多読用図書の利用者は，どのように自己評価しているのでしょう。その実態を調べ，多読を続けるコツを知るために，「大府で多読『英語で本を読み隊』」が企画，製作し，2018 年 2〜4 月に行った調査の結果をみてみましょう。

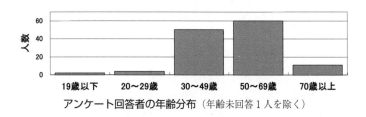

アンケート回答者の年齢分布（年齢未回答 1 人を除く）

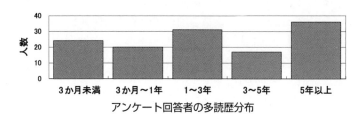

アンケート回答者の多読歴分布

この調査は，アンケート用紙とインターネット上のアンケートフォームの2種類の形式で行われました。回答者は小学生から70歳以上の128人（男性29人，女性99人）で，30〜60歳代の大人が中心です。また，回答者の多読歴の分布も広く，多読をはじめたばかり（多読歴3か月未満）の人から5年以上継続している人まで含まれています。

　質問項目中「あなたは多読が好きですか？」，「多読を続けるのがつらくなったことはありますか？」，「多読を続けていてあなたに変化がありましたか？」と利用者の自己評価に関する3項目について，多読歴との関係を調べました（下表）。

多読歴による利用者の変化

多読歴	多読が好き	つらいことあり	変化あり
3か月未満	2.9	2.5	3.5
3か月以上	3.8	3.0	4.3
1年以上	3.7	2.7	4.5
3年以上	4.2	2.9	4.1
5年以上	4.6	3.2	4.8

　多読が好きかどうかは，「1　苦手」から「3　普通」，「5　大好き」までの5段階の数値の平均値で，つらくなったことがあったかどうかは，「1　はい（つらくなったことがある）」，「3　どちらとも言えない」，「5　いいえ（つらくなったことはない）」の3段階の数値の平均値で，また，変化があったかどうかは，「1　いいえ（変化なし）」，「3　どちらとも言えない」，「5　はい（変化あり）」の3段階の数値の平均値で評価しました。数値が高くなるほど，多読に対して肯定的ということになりま

1章　多読の効果と図書館の役割………23

す。

　いずれの評価値も多読歴3か月前後で比較的大きな差が生じており，最初の3か月を継続できた人は多読のおもしろみや可能性を感じていると思われます。

　一方，その後の評価値の動きには項目による違いがあります。まず，つらくなったことがあったかの評価値は継続年数に関係なく，多くの人が一度はつらくなった時期を経ています。多読の継続は，必ずしも容易ではなかったことがわかります。

　次に，多読が好きかどうかの評価値は3年継続後に再び上昇しており，この時期に英語運用能力の向上を実感した等，多読の効果を実感した人が増えたと推測されます。すなわち，利用者が多読の効果を確信できるようになるには，長期継続が必要です。

　最後に，変化があったかどうかの評価値は，継続3年以上5年未満でいったん低下していますが，変化の内容を記述した自由記述欄（下表）を読むと，何を変化とみなしたかが継続年数により変化してきていることがわかります。

自由記述欄に書かれた変化の内容（多読歴内での比率　％）

多読歴	苦手克服	聴き取り	読む力	関心	話す・使う
3か月未満	14	0	5	0	0
3か月以上	21	16	5	16	0
1年以上	23	10	26	6	0
3年以上	6	24	12	6	0
5年以上	11	6	17	28	19

すなわち，初期（継続 3 年未満）には，大半の回答者が英語に対する苦手意識克服を変化と捉えており，聴く，読む，話す等の英語運用能力向上を感じていた利用者はわずかでした。中期（継続 3 か月以上 5 年未満）では聴く，読む等のインプット能力の向上や，興味や関心を持つ分野が拡大したことを変化と捉えている利用者が多くなっています。しかし，英語で話す（もしくは業務等で使う）等アウトプット能力の向上を変化と捉えている利用者が出現するのは，後期（継続 5 年以上）になっているのです。さらに，継続 5 年以上の利用者では，多読を大好きと答える利用者も多く，自らの英語運用能力の向上を感じていることと合わせて，多読について総合的満足度が高くなっていることがわかります。

　一方，多読を続けるのがつらくなったことがあると答えた利用者 128 人中 57 人も含む全員に，それでも多読を続けられた理由（複数選択可）を問うたところ，上位は「多読イベントに参加した（講演会，体験会，交流会など）」86 人，「多読仲間を見つけた」73 人，「本を借りることができた（図書館，ブッククラブ，友人など）」66 人，「面白い本と出会った」57 人，「少しずつ力がついてきたと感じた」35 人，「とにかく楽しかった」34 人でした。多読イベントは図書館が主催することもできますし，多読仲間やおもしろい本の発見は，利用者交流会により実現できるので，長期継続を助ける利用者支援は図書館が提供できるサービスといえましょう。

　利用者アンケートの結果から，図書館多読の利用者は，多読をはじめて 3 か月程度で，英語に対する苦手意識が少なくなる等の変化を感じるものの，読む，聴く等の英語運用能力向上を実感するようになるには時間がかかり（3 か月〜3 年以

上），さらに，話す，使う等の活動にも進展するためには5年以上の長期継続が必要なようです。忙しい日常生活の中での継続は容易ではありませんが，それを助けていたのは，多読用図書を借りることのできる図書館，多読イベントへの参加と，多読仲間の存在でした。これらより，図書館の利用者支援と，次節（1.4）で述べる地域コミュニティの活性化は，多くの利用者が多読を長期継続し，その効果を実感できるようになるために有効な手段であると確認できました。

（西澤　一）

1.4 多読による地域コミュニティの活性化

2020年の東京オリンピックを契機に期待される外国人観光客増加への対応として，外国語運用能力を持つ人材の活用や，人工知能（AI）の活用等は話題になりますが，普通の日本人が街角で道を聞かれても躊躇なく対応できる程度の英語使用を当たり前とするような地道な取り組みは少ないのが現状です。ところが，多くの社会人も中学・高校6年間に学んだ英語の知識を活用できないだけのケースは多く，図書館多読が普及すれば，潜在力を活性化できると期待されます。

読書は個人的な営みですが，多読仲間がいると続けやすくなります。前節で有効性が確認された長期継続多読の実践者を増やすためにも，利用者相互の交流の場を設けることが考えられます。利用者交流が実現すると，ベテラン利用者が初心者を導き，読書体験や人気の図書情報が利用者間で交換され，多読用図書の利用度も高まります。利用者のコミュニティが活性化されれば，図書館が地域の生涯学習の拠点として

機能する未来を描くこともできるでしょう。多読用図書体系が整備され、読みかたと本選びの情報が提供されるようになった図書館の多読用図書が、継続的に利用されるためには、利用者のコミュニティが重要な役割を果たします。

利用者コミュニティが果たす第一の機能は、ロールモデルの提示です。多読の初心者は学校英語教育の常識と相反する多読の読みかたに疑問を持ち、原理を納得したとしても本当に効果があるのか不安に思うのが普通です。これに対して経験豊富なベテラン利用者は、初心者の疑問の数々に自らの体験をもとに自信を持って答えることができ、また彼らの読書履歴そのものが道しるべとなるので、初心者の不安を解消させることができます。

コミュニティの第二の機能は、図書情報と体験交換です。英文和訳から卒業し英文読書を楽しめるようになってきた利用者は、各自の好みに応じて本を選ぶようになります。利用者の嗜好は多岐にわたりますが、コミュニティの中では自らとよく似た嗜好の他者を見つけることも難しくありません。例えば、嗜好の似た他者がベテラン利用者である場合は、その利用者の読書履歴をたどることで自分の好みにあった本を選ぶことができます。自分と好みが反する他者の読書履歴でさえ、それらの図書を避けて読むために活用できるのです。

コミュニテイの第三の機能は、多読継続の相互支援です。多読の効果は短期間では出現せず、効果を実感するには長期継続が不可欠ですが、浮き沈みのある個人活動を長期継続することは容易ではありません。そのような個人が定期的に集まって体験交換をすると他者の体験が参考になり、また沈み込んだときには仲間の存在そのものに励まされ、活動を継続

1章　多読の効果と図書館の役割………27

しやすくなります。さらにメンバーが定例交流会で最近の読書体験や感想を述べ合うようになると、交流会で発表することを楽しみに、読書が促されることにもなります。

さらに、図書館や関係機関の職員がコミュニティのメンバーとして活動できれば、その体験は多読用図書体系の整備や広報にも活用でき、図書館サービスの向上にもつながります。また、団塊の世代の定年に伴い急増している元気なシニア層を、利用者として取り込むためにも、利用者コミュニティが有効です。学校英語教育の常識と大きく異なるため、特にシニア層には受け入れられ難い多読の読みかたも、この原理が共有された利用者のコミュニティの支援があれば、障壁が低くなるからです。

東海地区・図書館多読クラブ交流会の様子

図書館多読の先行地域である東海地方では、経済的かつ実効のある英語学習法として図書館多読が地域に根づきつつありますが、生涯学習コミュニティとしての多読クラブは、ま

だまだ実践例が少なく，その活動形態や運営ノウハウの蓄積がないため，各クラブは手探り状態で活動しています。

そこで，2018年5月には各地の図書館をベースに利用者相互の交流を図る多読クラブ相互の情報交換のため，東海地区・図書館多読クラブ交流会を開催しました。

11の多読クラブからリーダーやメンバー総勢30人が参集し，熱心な交流が行われました。講演「図書館多読による生涯学習と地域交流」の後の実践報告では，7つのクラブから設立の経緯や，図書館との連携の方法，活動状況やアイデア，活性化の手法や独自の工夫が紹介されました。その後は参加者全員が4班に分かれ，普段行っている交流活動を異なるメンバーと行いました。

（西澤　一）

1.5 親子多読への進展

自分が英語で苦労したので子どもには同じ苦労をさせたくないからと，子どもに英語学習を強いる考えには無理がありますが，親子で楽しむ活動の一つとして多読を選ぶのは有意義だと思います。（日本語で）紙芝居や絵本の読み聞かせを楽しむ家庭であれば，その活動の一部に英語を混ぜてみるのです。子どもはアルファベットも英文も知りませんので，活動の中心は絵と音です。お母さん，お父さんが絵本を読み，子どもと一緒に物語を楽しみます。世界中で使われる（英語を母国語としない話者の外国語としての）英語の中では，日本人の英語は訛りが少ないと感じますが，英語の発話に自信がない大人には，図書館多読をはじめるよいきっかけにもなります。

1章　多読の効果と図書館の役割………29

教科としての「英語」が小学校に導入され，より低学年からの英語活動がはじまりますが，少なくない教員が英語運用能力の不足を自覚し，英語に苦手意識を持っている現状は心許ないと感じます。ただ，シニア層と同様に，小学校教員の不必要な苦手意識は中学・高校6年間に学んだ英語の知識を活用できないことから来ており，多読による使用体験を積むことで，比較的容易に克服できると考えられます。特に，図書館を中心とする社会人の多読コミュニティが機能している地域では，このコミュニティの体験を参考にし，場合によっては活用することも考えられます。

そんな中で，愛知県大府市のおおぶ文化交流の杜図書館の取り組みは，親子多読の参考になりましょう。そこで，次節では，交流会のリーダーである塩澤香さんに活動内容を報告していただきます。

（西澤　一）

1.6 大府で多読「英語で本を読み隊」

大府で多読「英語で本を読み隊」の活動は，幼い子どもと一緒に参加する若いお母さんが多く，図書館をベースとする親子多読のよい先行例です。ベテラン多読経験者の支援を受けながら，親子で多読を楽しむ様子は，図書館広報でも紹介されました。

大府で多読「英語で本を読み隊」（以下，「大府で多読」と記述させていただきます）を立ち上げたとき，どんな会にしたいの

か当時の司書さんとお話をしました。お母さんであり，司書でもあったTさんは「私，大人も子どもも楽しめる会にしたいです！　床にマットをひいて赤ちゃんも寝転がって参加できるような，そんな会にしませんか？」と目をキラキラさせながら，熱くお話をされました。そんな思いから生まれた「大府で多読」は【お子様連れ大歓迎】をうたい文句として活動をはじめました。

　子ども連れの方が不安に思うことには，どんなことがあるでしょうか？　子ども連れだと他の方に嫌がられないか不安なのでは？　上の子が帰って来るまでに家に帰れるか心配なのでは？　どんなことを感じていらっしゃるのか考えました。少しでも気軽に，気持ちよく参加していただきたい。「大府で多読」では，子どもが声をあげたり，はしゃいで動きまわったりしてもよいように，「みんなでしゃべり」，「みんなで動きまわって」います。

　具体的には，「ベテラン・タドキスト」（多読愛好家）数人が，みなさんのお話を聞きにまわります。このとき，その場で音に関する質問があればスマートフォンで音声を流したり，絵本の読み聞かせをしたりします。参加者は興味のある場所に自然と移動します。人が集まれば，自然と会話が生まれ，ワイワイガヤガヤとした雰囲気が生まれます。こうなると，多少子どもがぐずってしまっても，まったく目立ちません。そしてみんなが自然と歩きまわっているので，座っていられなくなった子どもを連れて，児童室やお手洗いなど自由に動きやすい雰囲気ができています。また，上の子どもの帰宅時間や，塾，習い事の時間が気になる方にむけて，終了時間は厳守しています。お部屋としては長く借りているので，終了後

1章　多読の効果と図書館の役割………31

に時間のある方にはゆっくりしていただいています。

　取り組みの成果か，活動を開始してから，今まで子どもの参加率100％，毎回1～9人の子どもたちに参加いただいています。

大府で多読「英語で本を読み隊」における親子多読への取り組み

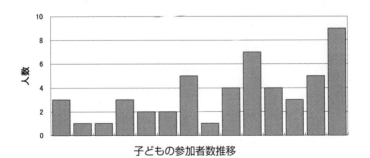

子どもの参加者数推移

「大府で多読」では，人気のある絵本の紹介や読み聞かせ，個別相談を通して親子多読に取り組む方を支援しています。今後の課題としては，保護者の焦りの解消や，継続にむけての支援，大人と比べてより細やかに難しさを感じやすい子どもにむけた本選びなどに取り組みたいと考えています。

　「大府で多読」，興味のある方はぜひお立ち寄りください。子ども連れも，そうでない方も大歓迎です。楽しく，にぎやかに，多読の情報交換をしましょう。

＊　おおぶ文化交流の杜図書館の英文多読コーナーについては，第Ⅱ部2章2.2（p.97〜99）で紹介しています。

（塩澤　香：おおぶ文化交流の杜図書館　多読ボランティア）

1.7 今後の展望

　今後，図書館多読は，どのように発展できるのかを展望してみます。

　現在，図書館多読利用者の中心は，多読を日常生活に組み込みやすい，30代以降の女性とシニアの男性です。これらの利用者が長期間（例えば5年以上）多読を継続して英語を使えるようになってくると，地域の雰囲気が変わってきます。それまでは留学や駐在等で在外経験の豊富な一部の人しか使えなかった英語を，普通の人が気軽に使いはじめます。また，長年眠っていた図書館の英文一般図書も徐々に利用されるようになってきます。

　次の段階は，小学校の教育支援です。中でも最初に効果を期待できるのは，小学校の先生の英語への苦手意識を多読で克服することです。小学校の先生は，英語教育を担当しない

1章　多読の効果と図書館の役割………33

予定だったはずが，急遽，英語を教えるよう迫られています。中には英語に苦手意識を持つ人も少なくないでしょう。でも，その苦手意識は，15年前の高専生と同様に，本来，持つ必要のないものなのです。日本人の大人（高校生以上）は，すでに十分な英語の知識（語彙・文法）を持っており，翻訳（英文和訳，和文英訳）にこだわらなければ，比較的短期間に苦手意識を克服し，英語に触れる体験を楽しめるようになること，また数年続ければ英語を使うのにかまえなくなることを，高専生や図書館多読の利用者が教えてくれています。そこで，図書館と学校の連携では，子どもたちに多読用図書を提供するだけでなく，先生の自己啓発に図書館の多読用図書を活用してもらえるよう働きかけましょう。

　多読で小学校の先生が苦手意識を克服すると，教えられた子どもたちも変わってきます。地域の図書館や小学校の図書室に備えられたやさしい英語の絵本を子どもたちが読みはじめると，勉強だった英語が，楽しみや息抜きの対象になってきます。中には英文読書の好きな読書少年・少女も現れ，やがて，彼らは英語を気軽に使いこなすようになるでしょう。彼らの姿に刺激され，中学校，高校のカリキュラムにも（週1コマ程度の）多読授業が導入されることを期待します。誰でも6年以上多読を継続できるようになれば，英語で苦労する人は少なくなり，高校，大学の英語の授業で日本語を使う必要も感じなくなるでしょう。大学入試改革で導入される外部試験への対策など考える必要もない，もう一つの未来が見えてきませんか。

（西澤　一）

1.8 まとめ

　この章で述べた，多読の効果と図書館多読の役割をまとめます。

　長年の英語教育を受けた日本人が，児童小説 1 冊さえ読み切れず，そのために図書館の英文図書も利用されずに休眠している現状の背景には，読書に向かない英文和訳に頼ってきた歴史があります。語彙・文法知識があっても活用できず，わずか 5 千語のやさしい英文テキストを読むだけで疲れてしまうのです。

　この現状を変えるには，絵本からはじめる多読が有効です。さし絵をじっくり見れば，テキストを見なくても物語を楽しめる作品をたくさん読むことで，読書時に日本語が介在する悪癖から足を洗えるのです。さらに朗読音声を使った聴き読みで，和訳しなくても英文を理解できることを早期に体験できます。実際に 2006 年度から 7 年継続多読授業を続けている豊田高専の学生は，200～300 万語の多読により英語圏留学 10 か月に相当する TOEIC 得点を得ており，英文読書中には，日本があまり思い浮かばなくなったと証言しています。

　20 世紀後半から実践されてきた多くの多読プログラムが，顕著な成果を示すことができなかった理由は，読書量不足か英文レベルの選択ミスと判断できます。豊田高専の実践でも，多読の効果を TOEIC 得点で確認するためには，60 万語程度の読書量と 4 年以上の授業継続が必要でした。普通の日本人が，それ以下の読書量で効果を期待するのには無理があります。また，英文レベルの選択ミスは，（英文から直接内容をくみ取る）読書と英文和訳の混同が理由と考えられます。（直接理

解はできないが）和訳はできる英文を，たくさん読んでも効果は薄かったのです。その意味で，「エディンバラ大学多読プロジェクト推奨レベル」等，欧州人向けの推奨英文レベルを鵜呑みにしないよう，注意が必要です。

このような多読では，入門用の絵本から読みはじめ，大量の本を読む必要があり，これまで図書館に所蔵されていた英文図書だけでは対応できませんでした。この状況を打開したのが，2005年以降，愛知県を中心とする東海地方の図書館です。入門用のやさしい絵本を大量に導入し，外国語学習者向けの読本，英語圏の児童書と合わせて，図書館の蔵書だけで英語多読をはじめ，効果が出るまで続けられるライブラリーを整備したのです。英文図書の配架を工夫し，入門用に使える図書を専用コーナーに集める等，選びやすくしました。各図書の英文レベル，語数，ジャンル等の本選びの情報を提供し，利用者に多読用図書の存在を知らせ，多読の入門講座を開催することで，潜在利用を開拓したのです。

図書館多読利用者アンケートによれば，現在の利用の中心は30歳以上の大人です。彼らは早期に苦手意識を克服して多読を好きになりましたが，その効果を実感するには，聴く，読むスキルの向上に3か月から5年，話す，業務で使う等には5年以上の期間を必要としたようです。利用者の長期継続を支援するしくみが大切だと確認できました。一部の先進館は，多読用図書の利用者が相互に交流できる場を設けて多読を長期間継続できるよう支援しており，親子で多読を楽しむ活動に発展した事例もあります。

このように図書館多読は，地域のコミュニティを活性化する一手段としても期待できます。気軽に英語を使う大人が増

えれば，子どもたちにも好影響があるでしょう。

（西澤　一）

注

1) 酒井邦秀『快読 100 万語！　ペーパーバックへの道』筑摩書房，
2002.
2) 豊田高専電気・電子システム工学科ホームページ　英語多読
http://www.ee.toyota-ct.ac.jp/er_english.html（参照 2019-1-23）
3) 古川昭夫，神田みなみほか『めざせ 1000 万語　英語多読完全ブック
ガイド』（改訂第 4 販），コスモピア，2013.
4) 浜松市立図書館ホームページ　英語多読コーナー
http://www.lib-city-hamamatsu.jp/service/tadoku/（参照 2018-12-15）

2章 図書館多読のはじめかた

　全国的に多読を導入する図書館が増え，さらに多読について関心を持ちはじめる図書館が広がってきています。公共図書館が多読をはじめる理由は，生涯学習や多文化サービスの一環として，また住民からのリクエストに応える形で，そしてすでに導入している図書館の情報や働きかけなどきっかけはさまざまです。そのような中で，今まで多読を知らなかった図書館関係者が多読導入や多読支援を担当することも出てきました。実際に多読図書を図書館で導入し利活用するには，どのようにすすめていけばよいのでしょうか。

　まず大きなポイントは，さまざまな資料を収集し提供する図書館にとって，多読の本も他の資料と同じ図書館資料の一つと考えられることです。しかし他の資料と異なる点がいくつかあります。それは多読を実践するにはたくさんの本が必要であること，一般の洋書とは異なり段階的にレベルを考慮したコレクション形成も必要になります。そうした資料の特性を理解して，収集・整備を行い利用者に提供していくことが必要です。

　また，図書館多読をはじめるにあたり，チェックリストを活用することも考えられます。チェックリストは，仕事をすすめる際に必要だと思われる項目を表にまとめ，確認しながら作業の進行状況やポイントを整理することができる表やシ

ートです。これから多読をはじめる場合のチェックリストを
例示してみましょう。

1) 多読について
・担当者が多読を知っています。
・担当者が多読三原則を知っています。
2) 図書館多読について（体制整備）
・館長や図書館の職員全体が多読を理解しています。
・多読先行館と支援体制があります。
・地域の多読実践者や団体と交流があります。
・多読図書のコレクションを計画的に整備します。
・内部での共通理解を得るために研修を行っています。
3) 環境整備について
・図書館で多読図書を購入しています。
・オックスフォードリーディングツリー（ORT）を購入してい
　ます。
・やさしいレベルの多読図書が600冊以上あります。
・多読コーナーを設置しています。
・多読図書に関する展示を行っています。
4) 人的整備について
・担当者が多読を実践しています。
・担当者が多読の読書相談や支援を行うことができます。
・他の図書館の司書や担当者と交流や情報交換をしています。
5) 図書館多読の啓発・広報について
・地域住民が誰でも参加できる多読クラブがあります。
・多読講演会を開いています。

2章　図書館多読のはじめかた………39

- ・多読体験会を開いています。
- ・図書館のホームページや広報誌，SNS で情報を発信しています。
- ・多読に関するアンケートを実施しています。
- ・多読手帳，多読記録帳，多読図書リストなどを作成しています。
- ・多読図書に語数や英文レベルがわかるように表示しています。

　このようなチェック項目を設定し内容を確認，見直しをすることで作業を“見える化”し，共通理解につながります。

　この章では，図書館サービスで多読はどのような位置づけを持つのかをまず考えてみたいと思います。

　次に，多読とはいったいどのようなものなのかを理解して，導入に向けての作業や具体的な準備について考えていきます。

　そして実際に導入するにあたって，どのようにしたらよいのか具体的な準備と，図書館の運営について，さらに図書館経営という視点から評価・点検や，見直しについても触れていきます。

（米澤久美子）

2.1 図書館サービスでの位置づけ

(1) さまざまな図書館と図書館サービス

　図書館は設置される地域・自治体または館種によって，運営のされ方，規模や予算も大きく異なってきます。公共図書館，学校図書館，大学図書館，国立国会図書館，専門図書館，

また都道府県立，市町村立，私立といった設置母体も大きく関係します。

　前章で図書館に多読が広がっていると触れましたが，公共図書館では，地域住民へのサービスの一環として，学校や大学図書館では，教育の一環として，今後多読図書の導入がすすむことが予想されます。

　図書館にとって図書館サービスを利用者に提供することは，とても重要な目的となっています。図書館が提供するサービスには，利用者に間接的にかかわる資料の収集，組織化，保管といったサービスと，図書館が利用者に対して直接かかわるサービスに分けられます。また，公共図書館が行う利用対象に応じたサービスは，児童サービス，ヤングアダルトサービス，高齢者サービス，特別な支援が必要な人へのサービス，ビジネス支援，学校支援などに分けられます。

　この中で児童サービスは，子どもと本をつなげて，子どもたちに読書の楽しさを伝え本の世界に親しむきっかけを提供することを目的としています。ヤングアダルトサービスは，一般的には中高生を対象としたサービスです。公共図書館では，ヤングアダルト向けに独立したスペースを設置し，YAコーナーといわれる場合もあります。高齢者サービスは，今後さらなる高齢化社会にむかい重要な図書館のサービスとなります。

(2)　図書館サービスでの多読の位置づけ

　多読を導入することは，前述のような図書館サービスにどのように位置づけられるかを考えてみましょう。

　児童サービスでは，多読は子どもたちの読書の世界を広げ，

2章　図書館多読のはじめかた………41

英語に触れる絶好の機会を提供することができます。おはなし会，親子読書会，読み聞かせやストーリーテリング，ブックトークといった行事やイベントで，多読図書を活用して，幅広い企画にすることが可能になります。

　高齢者サービスでは，高齢者の生きがいや，抱えているニーズとして多読は大きな可能性を持っているといえます。英語学習を途中で行き詰まった経験や，リカレント教育対応など，実際に多読講演会や多読クラブを開催すると，高齢者の興味・関心の高さが目立ち，これから多読図書を活用した高齢者サービスには，大きな期待が持てるといえるでしょう。

　多文化サービスという視点からも多読図書を活用することが考えられます。多文化サービスとは，民族的・言語的・文化的少数者のための図書館サービスがはじまりとなっていて，必要とされる人たちのニーズを把握することが重要となります。英語多読以外に，海外からの留学生や就労者に対して，日本語多読，韓国語多読を図書館で取り組むことが必要になってきています。

　学校図書館では，読書推進，学習支援といった面で多読図書を活用したサービスの提供が考えられます。大学図書館でも，学生支援として多読図書を購入している大学が増えています。生徒や学生に多読を紹介することは，英語が苦手だという学生の意識を克服し，また英語に関心のある学生の興味を広げる機会ともなり，英語の読書を楽しむきっかけになります。

　このように，図書館で多読図書を活用することは，さまざまな図書館サービスの中で重要な位置づけになるといえます。図書館サービス全般にわたりかかわってくるので，多読図書

を資料提供し支援することは，対象者が乳幼児から高齢者までとなる幅広いサービスとなり，生涯学習という面からサポートすると捉えることができます。

　また，そのサービスを支えるには支援者の存在が大きなカギとなります。支援をするためには，まずは図書館担当者・司書が一緒に多読を実践すること，そして地域の多読支援者や団体と協力しながら，すすめていくことがポイントになります。

（米澤久美子）

2.2 新宿区立四谷図書館

次に，東京都では先行館として多読に取り組んできた新宿区立四谷図書館の担当者が，図書館サービスの一環として多読を導入する際，気をつけたい点について紹介します。

（1）　「多読の本＝教材」という固定観念を壊す

　図書館多読をはじめたい担当者が最初に苦労することとして，決定権を持つ館長や中央図書館の説得があげられます。図書館多読は比較的最近誕生したサービスのため，導入にあたって理解を得るのがなかなか難しいという課題があるようです。利用者の1人から，地元の図書館にORTなど英語多読の本をリクエストしても，「英語教材は選書基準から外れるのでちょっと……」と聞く耳を持ってもらえず，四谷図書館に借りに来たという話をうかがったこともあります。ORT

2章　図書館多読のはじめかた………43

や GR は学習者向けという位置づけで「教材」と呼ばれる場合もあるので，そうした反応が出てしまうのかもしれません。図書館はテキストや問題集を選書対象から外す傾向にあり，英語多読の本もその一つと捉えられてしまうのです。

　しかし，図書館で提供する英語多読の本は，いわゆる教材とは性質の異なるもので，「教材だから購入できない」というのは誤解です。その点を館長や中央図書館にどう説明するかが，図書館多読をはじめられるか否かの分かれ道となります。教材は特定の内容を教えるツールですが，多読用として提供される英語の本は，利用者の自由な読書を支援するツールです。決して図書館が英語教材を使って利用者に英会話を教えるというイメージではなく，多様な言語・文化と出会うきっかけとして，英語の読書環境を提供する，資料提供サービスの一つであると理解してもらう必要があります。

(2)　地域住民のニーズに応える

　図書館法第 3 条に「図書館は，図書館奉仕のため，土地の事情及び一般公衆の希望にそい，更に学校教育を援助し得るように留意し」とあります。

　洋書というとごく一部の外国人利用者向けというイメージがあるかもしれませんが，英語に関心のある日本人利用者は大変多いといえます。英語多読支援を行っている全国の図書館では，講演会が毎回大人気で，洋書の貸出も多読の導入をきっかけにぐんと伸びたという報告が多く寄せられています。英語で読書することに興味はあるけれど，これまで難しい本ばかりで手が出なかった利用者に多読用のやさしい本が喜ばれているのです。

また英語が小学校の科目として必修化されれば，学校で英語に出会って，いろいろな本に興味が広がる児童も増えることが考えられますので，新たな児童サービス・学校支援の充実という観点から導入を提案するのも効果的かもしれません。

　大人も子どもも，気軽に楽しくたくさん読める英語の本を揃えておくことは，生涯学習支援施設としての図書館の役割に適っています。誰でも気軽に立ち寄れる地域の図書館で，ネイティブの子ども向けにやさしい英語で書かれた絵本・物語・ノンフィクション作品を幅広く蔵書として揃えれば，利用者のニーズに確実に応えられるでしょう。四谷図書館の英語多読用資料は毎月，新宿区内での貸出約 1,000 冊に加え，平均して約 20 冊が東京都内の他の図書館へ貸出されています。これはやさしい英語の本を読みたいと考える利用者が都内に一定数以上存在するということであり，図書館多読へのニーズの現れです。都内で多読支援をしている図書館はまだそれほど多くはありませんが，今後増えることを願っています。

(3)　担当者が留意すべきこと

　多読支援の活動は木に例えることができます。小さな 1 本からはじめて，だんだん本数を増やしていき，やがてそれが森になっていくイメージです。あまり堅苦しく考えすぎず，ごく小さな集まりからスタートすれば十分です。大切なのは肥料（レベルごとの色分けやブックリストなど楽しく気軽にはじめられる工夫）と，土づくり（ガチガチでなく，ふんわり耕された土のような温かくアットホームな雰囲気）です。「お勉強」の空気を出さず，参加する人がいかに楽しめるか，発言しやすいか

2 章　図書館多読のはじめかた………45

を一番に考えることがとても重要です。その結果，単に資料を提供するにとどまらず，本を通して地域の住民同士がつながる場を提供することも可能になります。

(4)　学校支援にむけて

　学校図書館で多読を導入したいときに問題となるのが予算不足です。多読に使える本は単価が高いので，すぐにたくさんは揃えられないのです。そこで英語の本を活用してもらうお手伝いを公共図書館が担う可能性が考えられます。調べ学習や夏休み課題図書での事例と同じように，団体貸出専用図書を購入して，学校図書館だけではまかなえない英語図書コレクションを提供できれば理想的です。実現に向けてできることは，まず，講座を通して学校関係者や保護者の方に多読に興味を持っていただく機会を設け，多読の本のリクエストが中央図書館へ届くための道筋をつくることです。また，限られた予算内でどんな本から購入してコレクションを構築していけばよいか，という相談などを受けることもできるでしょう。

（熊谷典子：新宿区立四谷図書館）

2.3 　多読について学ぶ

　1章で解説したように，多読は，学校時代の英文講読とはずいぶんと異なり，「和訳を避ける」という意味では正反対のアプローチです。読みかただけでなく，効果を上げるために必要な読書量，推奨される英文のレベルも大きくことなるため，多読体験を持たない人が図書館多読の準備をすることは

やさしくありません。そのため，自ら数百冊，100万語以上の多読を経験し，少なくとも自身に適した図書を選べる人が担当者となることが理想的ですが，多読未経験者が担当するケースも多いと考えられます。その場合は，多読について学ぶことが準備の第一歩となります。まずは，本書の1章，資料編（参考図書，リンク先）に加え，前著『図書館多読への招待』の1〜2章，資料編も参考にして，多読のアプローチへの理解を深めてください。「NPO多言語多読」のホームページ「英語多読特設サイト」（p.184）も役に立つと思います。

　多読図書導入館の状況をより詳しく知るには，同ホームページの「図書館の森に，多読の木を植えよう」ページが役立ちます。同ページでは，2015年から開催されてきた5回のシンポジウム「図書館多読への招待」の報告に加え，第1回シンポジウム配布資料と，第3回および第5回シンポジウム参加館の実践報告ポスターをご覧いただけます。同シンポジウムは，今後も毎年，各地の図書館で開催予定ですので，参加してみるのもよいでしょう。また，シンポジウム参加館が近くにあれば，実際に訪ねて，多読コーナーを見学し，担当者の話を聞くことをおすすめします。自館におけるサービスを想像することができるでしょう。

　図書館に多読用図書を導入し，市民向けサービスに加える価値があるかどうかを判断するには，担当者が自ら多読を試してみるのが一番です。近隣の多読導入館を訪ねる際には，滞在時間を1〜2時間伸ばし，実際に入門用図書を読んでみる時間を確保しましょう。ORT等の入門用絵本シリーズを，さし絵をじっくり見て内容を理解し，未知語や知らない表現にはこだわらない方針で読んでみると，意外に楽しめること

に気づくと思います。近隣の公立図書館に導入館がない場合も，英語多読者向け図書館・書店マップ[1]等を使えば，少なくとも近隣の高専・大学附属図書館で導入館が見つかるはずです。また，遠隔地でよければ，東海 4 県の先行館（25 館以上あります）は，いずれも入門用の多読図書が充実していますし，豊田工業高等専門学校図書館（多読用図書約 3.7 万冊を所蔵）では年 2 回（4 月と 10 月の土曜日），市民向けに多読体験会を開催していますが，図書館関係者の参加も歓迎します。

　より本格的に多読を試してみるには，同僚や知り合いを誘い，情報交換しながら行うのが有益ですが，その際には数十冊以上の図書が手元にあるか，手軽に利用できないと難しいと思います。近隣導入館の図書を利用できない場合は，資料編を参考に，既存の英語の絵本の中から読みやすい作品を集める，少量の多読用図書を導入してみる，等が必要となるでしょう。

（西澤　一）

2.4 　導入にむけて

(1) 　蔵書の活用

　多読のアプローチを理解し，導入価値を認めたときは，導入にむけて準備をはじめましょう。ただ，この段階で多額の予算を申請するのは早計です。まずは，既存の資源を活用し，ただちに「小さくはじめる」を検討しましょう。

　最初に行うべきは，既存の蔵書の有効活用です。すでに大量の英文図書を所蔵している館も少なくないと思いますので，その中から多読に活用できる図書を探し出し，可能であれば

専用コーナーに集めます。図書の移動が難しい場合は，多読に活用できる図書のリストをつくります。児童小説を含む一般書で多読に使える図書は，きわめて少ないのが現状です。有名な Harry Potter シリーズも，英語圏では小学校高学年向けのやさしい小説ですが，全文 7 万 7 千語のボリュームがあり，貸出期間内に読み切れる利用者はほとんどいないでしょう。全文 4 万 7 千語の児童小説 Holes も問題外です。児童小説で活用できる可能性の高いのは，とにかく薄い本です。著名な児童小説家 Roald Dahl の作品でも，全文 3 万語を超える Charlie and the Chocolate Factory, Matilda, The BFG は上級向けであり，全文約 1 万語以下の Fantastic Mr. Fox, Magic Finger, Esio Trot, The Enormous Crocodile（絵本）等が候補になります。

英文絵本でも著名作品は読み難いものが少なくなく，多読用入門におすすめできる作品は限られます。Curious George シリーズ，Arnold Robel の Frog and Toad 4 部作，Cynthia Rylant の Mr. Putter and Tabby シリーズ等の絵本，Nate the Great（児童書）が蔵書にあれば，真っ先に確保したいものです。

次に検討したいのは，相互貸借制度の有効活用です。入門用の薄い絵本は読書時間も短いので，相互貸借での提供価値は低くなりますが，全文数千語以上の図書であれば，利用頻度が少ないうちは相互貸借で対応できますし，より長い作品であれば，長期的にも利用頻度は高くならないと推測できるので相互貸借での対応が現実的です。ただし，相互貸借制度は一般利用者には知られていませんし，利用方法をわかりやすく説明するパンフレットを作成する等，スムーズな運用ができるよう体制を整えることは必要になります。

2 章　図書館多読のはじめかた………49

(2) 寄贈受け入れの検討

多読用図書の寄贈受け入れ，または，もう一歩踏み出して寄贈の募集も検討しましょう。特に都市部では，入門用の多読図書を個人で購入したものの，より長い図書を読めるようになってしまい，使わないまま保管している住民も少なくありません。入門用図書を図書館に集め，地域で有効活用する意義に賛同し，寄贈したいと考える人もいると考えられます。ただし，多読のアプローチを知らない個人の寄贈本は，英語圏の小学校高学年向けの児童小説等，多読の入門には向かない本が多く含まれる可能性も高いので，具体的な募集対象と受け入れ条件を明確にしておく必要があります。

本格導入の前には，各館利用者の現状から，多読用図書導入の有効性を予測することが大切です。地域の社会人英語学習者の状況，知的な趣味として英語多読を選ぶシニア層の有無，小学校の英語教育開始を支援する必要性等により，導入規模，蔵書構成や，学校等との連携，多読支援活動の意義が変化するため，地域により導入価値は異なると考えられるからです。その上で，先行館の事例を学び，自館の状況と将来展望とも照らし合わせて，賢い選択をしましょう。

(西澤　一)

(3) 「tadoku navi」

利用者が希望するタイトルの所蔵館検索には，「多読用図書横断検索システム：tadoku navi」が利用できます。「tadoku navi」は，授業で英語多読を長年行ってきた豊田高専と，高速な所蔵館横断検索サービスを提供している㈱カーリルが共同開発した多読支援用スマートフォンアプリと Web サービス

です。多読用図書の所蔵データベースが整備されていて,利用者が日ごろ訪れている図書館だけでなく,その近隣図書館にも所蔵されているかどうかを表示することができます。

特にスマートフォンアプリは個人での利用を想定していて,「DISCOVERY（見つける）」,「MISSION（目標をきめる）」,「DIARY（記録する）」という3つの機能により,多読を長く続けられる工夫を持たせてあります。「DISCOVERY」では,事前に登録しておいた図書館（とその近隣図書館）に,希望するタイトルが所蔵されているかどうかがわかるだけでなく,貸出可能かどうかについても瞬時にわかります。また,ある出版社の同一シリーズ中の複数のタイトル,例えば,Oxford Reading Tree Stage 4 や Magic Tree House 等は自動的に一覧表示されます。同一シリーズ中のタイトルは YL がほぼ同じなので,この一覧表示を利用して効果的・効率的に多読を続けることができますし,実際に読んだ場合には,読書の記録をつけることもできます。「MISSION」では,図書館司書や教員などの支援者が提供する予定のイベント（「10万語読破しよう」や「クリスマスに読みたい本」など）を表示することができ,利用者がこれらのイベントにチャレンジしたり,達成した記録をつけたりすることで,多読を楽しく続け

多読支援用スマホアプリ

2章　図書館多読のはじめかた………51

てもらうことを想定しています。「DIARY」では，自分が記録した読書の記録や達成したイベントを確認したりできますし，それらの記録を SNS に発信したりすることで図書館と利用者，および利用者相互のつながりを促すこともできます。

（吉岡貴芳：豊田工業高等専門学校電気・電子システム工学科）

2.5 導入準備

(1) 先行館とのネットワーク

　多読を導入するにあたり，図書館担当者としてどのように準備をはじめていけばよいのでしょうか。公共図書館の場合には，多読導入の計画が決まったら，近隣の多読がすでに導入されている図書館に，どのようにはじめたらよいかをアドバイスをもらい，相談をするなどしながら連携してすすめます。実際に見学に行き，自館ではどのようにしたらよいかを考えて準備をはじめます。

　東海地方での多読の広がりは，先行館の支援があり図書館同士のネットワークを形成し相互協力ができたことに，大きな要因があるといえます。

　実際の導入に向けて，計画を策定し図書整理についてのマニュアルを作成する必要があります。予算はどうするのか，いくらぐらい必要かなどを，利用者の動向やニーズから，初年度はどのくらいで，その後継続的に資料を購入し蔵書構築を考えて準備します。

(2) 多読講演会の開催と多読クラブ

　多読を導入する際に，講師を招き多読講演会を開催するこ

とはとても効果的なので，その予算も確保できるようにします。日程や会場，講師の手配などを考えて，初心者向けの内容で多読ワークショップなどを入れて，幅広い住民が参加しやすい内容がよいでしょう。

多読クラブについては，タイミングをみながら立ち上げられるように準備をすすめます。すでに多読クラブがある図書館や多読サークルの運営の方法や様子を調べ，アドバイスを受けることが大事です。長い歴史を持つ多読クラブも存在しますし，立ち上げたばかりのところの話を聞くことも参考となります。

（3）　多読資料について

予算が決まったら，その範囲でまず導入向けの多読資料の検討に入ります。選書は，最初は何を購入したらよいのか，多読を知らない司書の場合にはわからないことだらけでしょう。司書同士が情報を共有しながら，すすめていけるようなネットワークづくりをしていくことが大事です。

公共図書館のように，いろいろな年代の方が利用する図書館多読においても，やさしい本を多く買い揃えることが大事になります。また ORT のやさしいレベルは複数セット用意するとよいです。だんだんとコレクションを増やし，欧米の児童書レベルの本まで揃えるようにします。

資料整理，装備，配架はどうするのか，特に多読図書は薄いものが多いので，頭を悩ませると思います。配架場所は洋書絵本コーナーとは別に，多読コーナーを設置します。また洋書の絵本コーナーにあるものも，多読図書として利用できるので，一緒に配架するなど工夫します。

2章　図書館多読のはじめかた………53

請求記号やラベルは，それぞれの図書館独自でかまいませんが，最初に手にとる本がわかるようにレベルごとの分けかたを決めます。CD付きの本の扱いはどうするのか，なども取り決めておきます。

(4)　書誌データについて

　書誌データの作成についても，どのようにするか確認しておきます。図書館の蔵書はコンピュータで管理・検索するためにデータベース化され，書誌データはMARC[2]といわれるデータベースを利用して，それぞれの図書館がローカルデータを付与してデータを作成しています。

　多読図書は洋書になるので，和書が中心の民間MARCには含まれていません。国立国会図書館が提供する書誌データでは，ハードカバーの洋書や一部のペーパーバックのデータと，多読図書でもORTなどのシリーズの書誌データが含まれていますので使うことができます。

　アメリカ議会図書館の書誌データもインターネットでダウンロードして利用できますが，多読図書などの薄いペーパーバックは入っていません[3]。

　実際は図書館により利用しているMARCが違うので，自分たちでデータ作成を行わなければならない本が多いということになります。目録規則に準じて洋書の目録をとるということになれば，負担も大きくなるので，最小限の項目にして，逆に語数やYLなどを入れるというように，自館で規則を決めた内容にするのがよいでしょう。近隣の導入館と相談をしながらすすめると，データの整合性もとれて共有できるようになるので今後の課題といえます。　　　　　（米澤久美子）

2.6 コレクションの形成

1.2の(1)で指摘したように，多読用の英文図書として不可欠な3種類の図書を具体的に述べます。まず入門用の英文絵本は，日常的に英語を使う人を除き，大人から子どもまですべての利用者に必要です。この絵本がやさしすぎると勘違いして多読をはじめた大人が，いつまでたっても英文和訳から卒業できず，最終的に挫折してしまうケースが多いのは，前述したとおりです。語数が1千語以下の絵本で，登場人物が共通するタイトル数の多いシリーズが入門に適しています。

導入例が多いのは，前述のORTシリーズですが，その他に10代の若者に人気のFoundations Reading Library（FRL: 42冊），Building Block Library（BBL: 70冊）や，ほのぼのとした作風で大人にも人気の高い，Cynthia Rylant作のHenry and Mudgeシリーズ（Ready To Read，レベル2の一部で全28冊），Mr. Putter & Tabbyシリーズ，Poppletonシリーズなどが代表です。かわいい子猿が活躍するCurious Georgeシリーズや，巨大な赤い犬Cliffordの冒険もこの部類に入れてよいでしょう。また，米国の子ども向けLeveled ReadersであるI Can Readシリーズには，子犬のBiscuitシリーズ（My First: 18冊），Arnold Lobel作のFrog and Toadシリーズ（Level 2: 4冊），Else Holmelund Minarik作のLittle Bearsシリーズ（Level 1: 5冊），言葉遊びが楽しいAmelia Bedelia（Level 2: 15冊）等の作品があります。その他に，入門用絵本としては，同じく米国の子ども向けシリーズで，Step Into Reading，Puffin Young Readers，Scholastic Readers等があります。

英語圏の小学校低学年向けの児童書として定番なのは，40

年読み継がれている Nate the Great シリーズです。語数が2千語程度と短い割に表現が凝っていて「意外に手強い」との感触を持つ読者が多いので，そう感じた利用者には後述のGraded Readers（GR）を先に読むことをすすめてください。

　また，GR のレベル3を楽しめるようになった読者におすすめしたいのが，Magic Tree House（MTH）シリーズです。主人公の兄妹が時空を越えて旅行し，地球上の特徴ある地域を訪れたり，歴史的イベントに遭遇したりします。もともと米国の小学生の総合学習用に企画されたもので，物語と各トピックの解説本の組み合わせで構成されていますが，ここでは本編の物語を順に読んでいくことを想定しています。主人公が世界の歴史的イベントに遭遇する巻では，大人の読者にも発見があり，楽しく読みすすめることができるでしょう。第1〜28巻は語数5〜6千語，29巻以降は約2倍の長さを持つテキストで，一気に読んで疲れなくなれば，多読の入門を完了したと考えてよいシリーズです。Nate the Great と Magic Tree House には，全文朗読の CD が別売されていますが，大人の学習者が英文和訳から卒業する手助けになるため，これらも揃えたいものです。

　絵本と児童書をつなぐ役割を担うのが GR です。英国の出版社から出されていた4シリーズが有名ですが，語数千語以下のレベル0（Starter）から，2万語以上のレベル6まで，7レベルに設定されています。この中で日本人の英語学習用に重要なのはレベル0（語数500〜1千語）からレベル2（語数6千〜1万語）で，このレベルのタイトルをなるべく多く揃えたいところです。朗読音声を用いた聴き読み（朗読音声のペースに合わせてテキストを読む）の効果が高いため，音声 CD 付きの

56

タイトルや，朗読音声をダウンロードできるタイトルも加えてください。他方，それ以上のレベルは利用頻度も低くなるため，GR のレベル 3〜4 では評判のよいタイトルを，またレベル 5〜6 では，さらに購入タイトルを厳選して揃えるのが現実的かと考えます。また，朗読の音源を準備する場合には，シリーズによって同じレベルでも朗読速度が異なるので，配慮が必要でしょう。例えば，レベル 1 では，Oxford Bookworms はゆっくり朗読で，Cambridge English Readers は標準的，Cengage Page Turners は（日常会話の速度に近い）速めの朗読です。

（西澤　一）

2.7 多読を導入した図書館運営

(1) 広報について

　図書館で多読の運用がはじまりましたら，図書館の広報誌やホームページ，SNS で多読をはじめたことを PR します。多読講演会や講習会の開催が決まれば，ポスターを作成し，公民館，役所，学校や駅，スーパーなど人が集まるところに掲示をして呼びかけをします。また図書館に訪れた人にもわかるように，POP，チラシなど工夫を凝らして館内に掲示することも必要です。

　多読講演会は多読を知らない人たちを図書館に呼んで，多読をはじめるきっかけづくりとなります。また図書館のイベントとして定期的に，多読講習会や読書会を企画して，関心を持つ人が参加できる機会をなるべく多くつくります。

(2) 多読コーナーの設置について

館内には独立した多読コーナーを設置して、多読図書を並べます。多読を紹介したリーフレットやポスターを掲示、本はシリーズやレベルごとに並べるなど、わかりやすいように配列します。色別のシールを貼る、見出し用のサインをつける、かごやファイルボックスに入れる、ひもでくくるなど、いろいろなアイデアで配架します。多読図書は、カラフルな装丁や絵が見えるように、また手にとりやすいように、表紙を見せるなどの工夫も大切です。

また、多読コーナーの本が貸し出されてしまい何もないという状態にならないように、最低1セットは館内閲覧のみにするなどの対策をとるのもよいでしょう。

多読コーナーの例（多治見市図書館）利用者が作成した帯をつけて展示

(3) 図書館担当者が多読の実践者

多読を図書館で運用していく一番のポイントは、図書館の司書が自分で多読を体験し実践するということです。

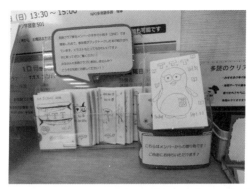

紹介リーフレット（たじみ多読を楽しむ会）　多読クラブで毎回作成

たじみ多読を楽しむ会（p.94）の様子

　多読は，本が好きな人の方がすすみやすいといわれています。多読は読書なので，実践者の読書に対する姿勢や好みがだんだんと出てくるようになります。多読には英語に親しむだけでなく，読書力や想像力を培う面もあります。しかし一番大事なのは本を読むことを楽しみながらすすめていくこと

です。やさしい絵本のような本からはじめることの大切さは，実際に自分で体験してみてわかるので，図書館担当者は多読の実践者になってみてください。

　そして，その経験が選書やレファレンス，多読の運営にとても役立ちます。

(4)　多読クラブの運営

　一般の人たちが自由に参加できる多読クラブを立ち上げ，運営する図書館が増えています。どのようにすすめているのかは各図書館での実践を参考にして，少しずつ多読の輪を広げていくのがよいでしょう。

（米澤久美子）

(5)　英語の読み聞かせ

英語絵本の読み聞かせは，どの年代にとっても，とても効果があるので積極的に取り入れることをおすすめします。次に，児童英語教室で長年多読を実践されている方の公共図書館での読み聞かせの実践報告を紹介します。

実践報告：「英語えほんのお話し会」

　英語の絵本を子どもたちに楽しんでもらうため，どのように工夫したらよいでしょうか。読んでいる途中で訳しますか。これまで多くの読み聞かせをしてきましたが，訳を伝えて読んだときほど，子どもたちの反応がシビアだったことはありません。試行錯誤の末，「絵本の選択」と「読み方」を工夫すると，訳さずとも子どもたちは物語をとても楽しんでくれる

ようになりました。

1）絵本の選択

絵を見るだけで登場人物の気持ちの変遷やあらすじがざっくりとわかる本で，挿絵1枚あたりの英文があまり多くないもの（読み手のジェスチャーや指さした絵を参照するだけで理解できる程度の英文量の本）を選びます。

2）読み方

場面に合わせて緩急や強弱をつけ，感情を込めて読みます。ジェスチャーや（誰のことを読んでいるのか，誰が話しているのかなどを示すための）指さしは，聞き手の想像力を阻害しない程度に取り入れます。また，絵本の絵を「よく見る」と，文章からだけでは想像しにくい登場人物の気持ちや物語の背景を絵に援けられ，私たちはあたかも自分がその物語のその場にいるかのようにイメージできるようになり，本の中の登場人物の気持ちに寄り添うことができるようになります。

以上のように，本の選択と読みかたに気を配るだけで，子どもたちは訳さずに物語を英語のまま直接心の中に取り込んで楽しめるようになります。ぜひお試しください。

（鈴木祐子：英語tadokuクラブ（旧・世田谷英語多読クラブ）・

ABC4YOU）

【2012年8月3日 世田谷英語多読クラブ「英語えほんのお話し会」（世田谷区立中央図書館）】

対象・時間	乳幼児向け ・午前20分	幼児から小学生向け ・午後30分
参加者	親8名，幼児11名	小学生3名

読んだ絵本	3冊；Counting Kisses（Karen Katz 著，Margaret K. Mc Elderry Books 出版），From Head to Toe（Eric Carle 著，Harper Collins 出版），TITCH（Pat Hutchins 著，Random House UK 出版）	4冊；From Head to Toe（Eric Carle 著，Harper Collins 出版），Little Mouse's Red Vest（Yoshio Nakae 著，R.I.C. 出版），TITCH（Pat Hutchins 著，Random House UK 出版），Giving Tree（Shel Silverstein 著，Harper Collins 出版）
その他	英語の手遊び歌4曲（本の内容とは無関係の曲も）	英語の手遊び歌，ことば（Little, Big－絵本に出てくることば）のおさらい

英語絵本のお話し会（2018年9月23日　稲城市立中央図書館）

(6) 学校図書館での多読実践

　学校図書館の場合も，学校司書，教員，司書教諭など担当

者が，英語多読導入について理解し協力しあうことが不可欠
です。また校内での位置づけや，教科との連携など学校によ
ってさまざまですが，導入の基本として，「多読三原則」で実
践することを共通理解し，生徒にもしっかり伝えられるよう
にします。環境を整備する必要もあります。予算を確保し多
読資料の購入，保管場所などを決め，学校図書館か英語科で
管理する，多読ルームを設置するなど学校によっての対応が
必要です。どちらの場合でも生徒が本を自由に手にとりやす
く貸出もできる環境を整備します。

　また，学校で多読をすすめるには支援者の存在が大きいと
いえます。多読は一人一人の進度が違うので，一斉授業の場
合には個々の対応が必要となり難しい面も出てきます。支援
者は「次は何を読んだらいいか」などのレファレンス対応が
できるように，多読資料を熟知する必要があります。

（米澤久美子）

2.8 墨田区立ひきふね図書館

次に，東京都の墨田区立ひきふね図書館で，多読をどのように導入
してきたのか，その経緯や運営方法について，事例紹介します。

　墨田区立ひきふね図書館は，2013 年 4 月，区立の図書館 2
館を統合して開館し，2018 年で 5 年目を迎えました。京成線
曳舟駅前の高層住宅の 2 階から 5 階にあり，資料総数は現在
約 34 万点で，英語多読コーナーを設けている図書館です。

　東京都の下町にある墨田区は，オリンピックを間近に控え，

浅草から隅田川を挟み墨田区のスカイツリーへと，外国人観光客がさらに増えつつあり，英語への関心の輪が広がっています。

（1）　図書館の多読のはじまり

ひきふね図書館の開館に合わせ，新企画を模索していたところ，当時の図書館ボランティアの方から，"多読"という読書法と講師の方を紹介されたことをきっかけに，まずは"多読"を知ってもらおうということで，英語多読の講座とコーナーを設けたことにはじまります。

（2）　英語多読講座の開催

多読講座は，開館した 2013 年度の春に 1 日講座，冬には 2 日間の入門講座を開催しました。2016 年度には「はじめての英語多読」と題した 2 日間の入門講座を冬に 2 回開催しました。この講座は，中学生以上を対象としましたが，参加者の大半は 40 代から 70 代の方でした。

入門講座の日程を決めるにあたり考慮した点は，2 日間の受講の間を 2 週間空けるよう設定したことです。これは，受講者が日程を組みやすくするためと，講座 1 日目の受講後に多読をした方が，2 日目の講座で疑問点を質問できること，また，図書館の貸出期間（2 週間）に合わせることで，普段，図書館をあまり利用しない方も，これを機に足を運ぶことを習慣にしていただきたかったからです。

2017 年度は入門講座の開催 1 回に加え，新たな講座を 2 つ企画しました。一つ目の講座は，小さい子どもを持つ方も気軽に参加して，家族等で一緒に多読を楽しめるように，子ど

も同伴可とした1日講座「こどもと一緒に多読を楽しもう」です。ここでは，多読方法と英語の読み聞かせのコツも学びました。「子どもの英語の講座は平日が多くて仕事で行けないけど，今回は日曜日でよかった」と電話でうれしそうに申し込まれた方もいました。この1日講座は特に好評だったようで，申し込みを開始して早々に満員となり，昨今の子どもに対する英語教育の関心の高さを垣間見た気がしました。講座終了後，受講者の中から，自発的に「多読キッズサークル」ができることを密かに期待しています。

　そしてもう1つの講座は，前年度までの受講者のご要望を踏まえたステップアップ講座「多読から広がる世界」です。ここでは，シャドーイング（聞こえてくる朗読を自分で繰り返すこと）の実践等も交えて，多読から英語のアウトプットへと広げ学んでいただきました。多読は即効的に英語力がつくという読書法ではないので，楽しみながら続けていけるよう，モチベーションを上げるアプローチとして有効だと思います。

　また，次回の講座を企画する際は，講座受講後の多読への期待感や意欲が高いうちに，できるだけ多くの本の中から自分に合った多読図書を借りて読みすすめていただけるよう，講座開催の間隔を十分にとり，受講後の貸出のピークが重ならないようにできればと思っています。

(3)　「すみだ英語たどくらぶ」

　2016年の暮れ，当時の館長から「せっかく講座で多読の方法を学んだのに，このままで終わらせるのはもったいないよね。継続できるようにすぐに多読の交流会を開きましょう」とアドバイスがあり，急遽，講座が終了した翌年の1月には

2章　図書館多読のはじめかた………65

じまったのが、この「すみだ英語たどくらぶ」です。毎月第3日曜日を定例に開催しています。

会場は、壁面を展示コーナーとして利用しているオープンスペースです。進行は担当者（筆者）が行い、毎回10人程度の参加者がいます。多読が初めての方には、その読書法と書籍に貼付したYL・語数の説明、そして図書館オリジナルの多読の記録手帳を希望者に配付して、読みすすめていただいています。

B6サイズの多読記録手帳。ざっくりと書ける記入欄で、見開きで10冊分が記帳できます。

交流会の内容は、その日の参加者の雰囲気により毎回変わりますが、各自で読書のほか、多読や英語に関して日ごろ思うことや、情報交換、ブックトークならびに朗読等を行っています。会場となるオープンスペースを軽く仕切り、出入りは自由としていますので、多読に関心を持ちながらなかなか踏み込むまでの勇気が持てないという方も、交流会の様子を傍から目にすることができ、気軽に参加しやすいのではないかと感じています。交流会に参加してよかったと感じていただけるよう、担当者として、毎回、多読や英語に関する情報

等を1つ2つ用意するように心がけています。参加者同士のコミュニケーションが図れることに加え，ときには新しく入荷した多読図書を紹介して最初に手にとっていただくこともあり，参加者ならではの利点となっています。

「すみだ英語たどくらぶ」の様子

　こうして，急発進でスタートした「すみだ英語たどくらぶ」ですが，はじまりの時間になると参加者の方からいつも話題が湧き立ち，そして和やかに会を閉じます。参加された方々からは，「時々，講座の講師の方が一緒に参加されるのがうれしい」，「アットホームな感じで参加しやすい」，「カリキュラムを取り入れては」等のご意見もいただいています。担当である私自身は学生の頃から英語は好きでも，決して人並み以上にできるわけではないとういうことを伝えると，「だからこそ親近感を持って気楽に参加しやすいのかも」と安心される常連さん（Ready-To-Read の Henry and Mudge シリーズがお気に入りです）もいらっしゃいます。その言葉も励みとして，私自身

も多読を進めながら多読業務に携わっています。

英語が堪能な人がいないから集会を開くのは，と心配される図書館員さんがいるなら……大丈夫です。それを実証しているのがこのひきふね図書館です。

これからも多読を通じて生涯学習およびコミュニケーションの場として，利用者の方々の活気に満ちた会であるようにと願っています。

(4) 多読図書の選書

多読のはじめに利用する Oxford Reading Tree シリーズですが，コーナーの開設当初に各 Stage の書籍を各 1 冊ずつ購入し，現在，館内閲覧用として来館者がいつでも読みすすめたり，講座でも利用できるようにしています。また，貸出用には各 2 冊ずつ追加購入したものを CD 付きの合本にして所蔵しています。そして，選書に際しては，多読から英語の世界が広がるように，CD 付きの多読図書もなるべく取り入れるように心がけています。また，YL 1〜2 の多読書を中心に所蔵していますが，幼児への読み聞かせにも使える本がほしいという声もあり，多読に入りやすいように，さらにやさしい書籍もあわせて増やしたいと考えています。

図書館 4 階側面にある英語多読コーナー

(5) 多読による図書館と学校との連携

　図書館には英語教育のために中学生向け団体貸出用セットがあります。Oxford Reading Tree シリーズをはじめ，多読書を含めた洋書も 2017 年 2 月から学級文庫用セットとして多数加え，区立中学校に貸出されています。図書館の多読コーナーには，この貸出セットシリーズに関連した書籍もありますので，団体貸出期間（3 か月）に多読という読書感覚に触れ慣れ親しんだ後は，図書館の多読コーナーへと興味がつながることを期待しています。

(6) 図書館と多読について

　多読コーナーと洋書の書架で利用者を見かけると，よく声をかけさせていただいています。ジャンルやシリーズ等，どんな本が好きなのかをうかがい，リクエストに表れない声を拾っています。所蔵している書籍は貸出状況を把握することができますが，書架を眺めている方が本当に読みたいと思う本は，積極的にこちらから働きかけなければなかなかうかがい知ることができません。

　先日，洋書の書架でじっと立ち止まり眺めている男性に声をかけると「多読はどこですか？」ときかれ，そのコーナーへと案内すると「こんなにあるんですね」とおっしゃっていました。しかしながら，担当者としては，「読みたいと思う本，自分のレベルに合う本を読んでみましょう」と普段お伝えしていながらも，男性が好みそうなシリーズや，幼児への読み聞かせに適した多読図書は大変少なく，まだまだ多読を楽しんでもらうには蔵書が足りないと感じ，利用者には申し訳なく思うことがあります。

また，ひきふね図書館のある東京下町の墨田区周辺では洋書を取り扱う書店が少なく，直接手にする場所や機会がなかなか見当たらないようです。もっとも，書店にあったとしても，多読をするほど買い揃えると大変な金額になってしまいます。このような状況の中で，もし，手にしたいと思っていた本が目の前の書架にずらりと並んでいたらどうでしょう。きっと，その光景を目にするだけで，読書意欲はさらに高まると思います。そんな気持ちにさせてくれる場所として，まさしく図書館の出番ではないでしょうか。

(7)　図書館職員として

　今こうして，ひきふね図書館の多読の現在の状況を振り返ってみると，レベル，ジャンルともに，まだまだ利用者の要望に応えられる状況に到達していないとつくづく感じます。これからも利用者の声に耳を傾け，一人一人が個々のペースで多読を楽しみ，その世界が広がるように，図書館員として利用者を支えながら，これからも多読とかかわっていこうと思います。

（阿部直美：墨田区立ひきふね図書館）

2.9 評価・点検

(1)　図書館サービスの評価

　公立図書館は図書館サービスの向上を図るために，目標を設定し，達成状況を点検・評価を行うように求められています。「評価に当たっては，図書館では多様なサービスが展開されてきている」ことから，「どれだけの資料やサービス等を

提供したかだけでなく，サービス等を提供した結果として地域や住民に対して実際どのような成果がもたらされたか」ということに目を向ける必要があると指摘されています。

評価の指標には，貸出冊数や利用者数に加え，レファレンスサービス件数，ホームページのアクセス数，集会行事講座の開催状況，参加状況，利用者の満足度などがあげられます。また自館の過去のデータを時系列で分析する，ほかの図書館と比較するなど，実績を相対的に評価することも考えられます。評価を実施するだけでなく，業務の改善に結びつけていくことが大事です。

(2) 多読図書の導入による評価と点検

このように公共図書館では，いろいろな図書館サービスに対して点検と評価を行っていくわけですが，特色あるサービスを目標として掲げることで図書館を活性化させることができます。

多読図書を導入することで，多読という特色あるサービスがもたらす今までとの変化や効果についても，点検し評価をすることができます。例えば，多読を利用する利用者の性別，年齢層を調べ，どの本がどの年齢層に貸し出されているかがわかります。また数値だけでなく，リクエスト内容，レファレンス，日ごろの図書館多読図書を活用している利用者の様子や観察など，数値ではとられない点も評価します。

また，利用者アンケートを実施し，利用者の声を聴くことも大切です。アンケートは図書館全体に実施するのか，多読コーナーを利用している人だけにするのか，アンケートの対象者を分けることも考えられます。

2章　図書館多読のはじめかた………71

利用者全体を対象に行う場合は，多読を知っているか，多読図書があるのを知っているか，多読図書を利用したことがあるかなどをたずね，認知度を測る目安にします。実際に利用している人には，感想，要望や意見を聞き，満足度やこれからのすすめかたの参考とします。

また多読図書だけでなく，以前から所蔵している洋書絵本の動きや貸出数などと比較するなど，多方面から点検をするとよいでしょう。

(3) 学校図書館の評価と点検

学校の場合は，学校経営計画や学校の教育目標にもとづき学校図書館の目標を設定することになっています。また教育課程に対応した計画的な図書館の利活用が促進されています。このため学校により何を評価するのかはさまざまになっていますが，小・中学校では図書館の活用をすべての教科で行うことになっています。英語を小学校から導入することにともない，さらに特色ある取り組みや，世の中のニーズに応え，英語を身近に使える環境の整備が必要になってきました。そのため，最近は多読への関心が教育現場で高まっています。

教育現場での多読効果の一例として，英検の合格や TOEIC 点数が上がる効果や実績が報告されています。日ごろの状況では，生徒へのアンケート，多読の記録を評価の参考とすることも考えられますが，それよりもある程度の期間でどの程度のレベルの本を読めるようになったか，リスニングやライティングはどうかなどの個々の成長をみることができるのが，学校多読のよい点といえるでしょう。

多読をはじめたことで，視野が広がった，文法がわからな

72

くても読めるようになったという生徒の言葉をたくさん耳にします。読書としての多読の効果を確かめながら継続していくことが大事です。

（4） 子ども読書推進計画の活用

「子どもの読書活動の推進に関する法律」が2001（平成13）年に施行され，各自治体で「子ども読書活動推進計画」が策定されています。この計画は，子どもの読書活動をどのように進めていくかについて，それぞれの自治体が5年間の計画を示しているものです。

この計画の中で「外国語図書を活用した情報発信」として英語多読コーナーを設置するとした図書館，高校で英語の多読用図書を各クラスに設置したことを報告している図書館，多言語サービスを充実するとした図書館などがあります。

英語や外国語図書の活用，多文化サービス，読書推進，外国文化に触れる機会として英語多読を導入することもできますので，これからは所属の自治体の計画が見直されるときには提案できるように意識をして取り組むことも必要です。

（5） 公共図書館と学校図書館の連携

学校図書館の持つ本来の機能を発揮させ，児童・生徒の読書や学習の支援を行っていくため，また資料が不足する学校現場を補う面や，図書館資料の共同活用という視点からみても，地域の公共図書館と連携していくことが必要となります。公共図書館は学校支援として団体貸出サービスで，授業で必要な本や学級文庫用の図書を貸出しています。そのシステムを利用し英語多読のセット貸出を実施・試行している公共図

2章 図書館多読のはじめかた………73

書館があります。学校にとっても必要なときに多読図書を借りることができ，ぜひ実施してほしい支援で今後の展開が期待できます。

　また，市内の小・中学校と市立図書館で物流ネットワークを形成，資料の相互貸借が行われ情報の共有化がすすんでいる自治体があります。配送システムも学校に負担が少なく，本が借りやすく整備されるなど，さまざまな取り組みが行われています。さらに学校図書館支援センターという，地域内の学校図書館の運営や活用，学校図書館間の連携などに対する支援を目的として，教育委員会事務局または公立図書館内に設けられている自治体もあります。

　このようにネットワークが整備された地域で，多読の共同活用ができるシステムが導入され，効果をあげることができればモデルケースになることができます。そういった地域に向けても，多読の効果について知ってもらい，共通理解を広げていくことが重要になります。

（米澤久美子）

2.10 見直し

　図書館多読を導入したものの，利用状況を点検してみると期待していたほど利用されていなかった場合は，見直しが必要です。多くの場合，利用度が低い理由は蔵書と利用者のミスマッチと思われますが，これを解消してマッチングをとる方法は，各館の置かれた現状により変わると思われますので，想定されるケースについて見直し方法を列記してみたいと思います。

状況1 英語多読の潜在的利用者が本当にいるかどうか不明なとき

見直し1 潜在的利用者の有無を探るべく，例えば，すでに所蔵している英文児童書や絵本など，多読に利用できそうな英文図書と多読の解説本を一時的に集めたコーナーを設けてみて，利用度の変化を調べてみてはいかがでしょう。新たに多読用図書を追加導入することなく，潜在的な利用者の有無を確認できます。また，図書の書架移動が難しい場合は，利用できそうな英文図書のリストを作成し，各図書の英文レベル，語数等の本選びの情報を追加したチラシを，英文図書の書架近くに配置してみるのもよいでしょう。連携館の多読用図書を相互貸借で自館利用者に提供できるよう，体制を整えるのもよいでしょう。

状況2 大量に所蔵している英文一般書の利用度が低い場合

見直し2 1章で述べたように，一般書を読める利用者はきわめて少なく，多くの利用者には英文レベルのギャップが大きすぎると思われます。絵本からはじめて，GR や児童書，YA 小説を経て一般書に至る，さまざまな英文レベルの本を体系的に整備してギャップを埋め，利用者が一般書を読めるまでに育つ道を整備する必要がありましょう。本書を参考に，多読用図書の導入を検討してください。また，導入に際しては，やさしいレベルのタイトル数が多く，レベルが高くなるにつれ少なくなる，富士山のような図書構成になることが基本とお考えください。

状況3 潜在的利用者がいると判明したが，多読サービスを

2章　図書館多読のはじめかた………75

どのようにはじめたらよいか実感が湧かないとき

見直し3 近隣の先行館を訪ね，多読コーナーを見学すると同時に，担当者から直接話を聞きましょう。近くに適切な導入館が見つからない場合は，「NPO 多言語多読」ホームページ「図書館の森に，多読の木を植えよう」[4]にアクセスし，過去のシンポジウムで実践報告した館を選ぶとよいでしょう。担当者自らが，できれば同僚を誘って多読を試してみることもおすすめします。

状況4 GR をひと通り揃えたものの利用度が低い場合

見直し4 図書館利用者が，多読の読みかたを知らないと思われます。英文和訳で無理して読んでいる利用者は，なかなか続きません。特に YL 3〜6 の高レベルの GR は時々利用されているものの，YL 0〜1 のやさしい GR が利用されていない場合は危険です。多読の読みかたを説明するチラシ，パンフレット等で，より英文のやさしい図書に利用者を導きましょう。また，YL 0〜1 のやさしい GR の利用も少ない場合は，よりやさしい入門用絵本シリーズを追加導入し，図書体系を整えることを検討しましょう。

状況5 入門用絵本シリーズも含め多読用図書を体系的に整備したが，期待したほど利用度が上がらない場合

見直し5 多読コーナーの存在が市民に知られていないと思われます。館内掲示だけでなく，図書館ホームページや市の広報を活用し，関心の高そうな市民グループへの紹介を通じて多読コーナーの広報に努めましょう。また，利用者の多くが多読のはじめかたを知らないと思われる場合は，多読入門

講座や体験会等を企画して，関心を持つ市民に絵本からはじめる多読の入門を体験してもらうことも効果があります。

状況6　入門講座の直後は，入門用絵本シリーズが一気に貸し出され，書架が空になるほどの勢いだったが，2〜3か月すると利用がしぼんでしまったとき

見直し6　入門講座等のイベントは，関心の高い市民に多読コーナーの存在を知らせるには有効ですが，利用を高める効果は一過性です。図書館多読をはじめた利用者が本を選ぶのを助ける図書情報の提供等の支援を継続するとともに，新たに多読をはじめる利用者向けのイベントも定期的に企画しましょう。

状況7　入門用絵本シリーズは継続して利用されているが，他のシリーズの利用に発展しないとき

見直し7　利用者が本選びに迷っているようであれば，背表紙にレベル別のシールを貼る等，英文レベルが一目でわかるように追加装備することも有効です。ただし，焦らず待つことも大切です。通常，熱心な大人でも入門用絵本を卒業しYL 0〜1 のやさしい GR に移るのに，数か月〜半年はかかります。また，入門用絵本シリーズの品薄状態が続くようであれば，このレベルの図書を追加導入することも検討しましょう。

状況8　多読用図書の利用が安定してきたとき

見直し8　利用者が長期継続できるよう，利用者交流会の立ち上げも検討しましょう。交流会の会場を確保し，開催日程

2章　図書館多読のはじめかた………77

の広報に便宜を図れば，交流会の運営そのものはベテラン利用者に任せることもできましょう。また，多読用図書の団体貸出等で地域の学校を支援し，教育機関附属図書館を含めた近隣館と連携することも検討しはじめてはいかがでしょう。

（西澤　一）

注

1)　英語多読者向け図書館・書店マップ
　　http://gemini.so.land.to/tadoku/rmap.html（参照 2018-12-15）

2)　MARC（マーク）は MAchine-Readable Cataloging の略称で，日本語では機械可読目録という。主なものとして，国立国会図書館が作成する JAPAN MARC，民間企業数社が作成する民間 MARC がある。民間MARC には，TRC MARC（図書館流通センター），NS-MARC（日販図書館サービス），OPL MARC（大阪屋），トーハン MARC（トーハン），日書連 MARC（日本書店商業組合連合会）などがある。

3)　アメリカ議会図書館（Library Congress）
　　http://www.loc.gov/cds/products/marcDist.php（参照 2018-12-15）

4)　NPO 多言語多読ホームページ「図書館の森に，多読の木を植えよう」
　　http://tadoku.org/about/tadoku-lib（参照 2019-1-23）

第 **II** 部

図書館多読の現状

　第Ⅱ部では，2002年刊行の『快読100万語！　ペーパーバックへの道』ではじまった多読が，2004～2005年頃から一部の図書館に導入されはじめ，2014年刊行の『図書館多読への招待』の頃には，かなり幅広く図書館サービスとして取り入れられるようになってきた現状を，2015～2018年の時点で振り返り，整理したいと思います。

　1章では，2015年の図書館多読導入状況調査と，2017年の先行館へのアンケート調査の結果を紹介します。この数年で導入が広がっている状況がわかります。2章では，利用者支援と学校連携に注目して，それぞれに取り組んでいる公共図書館の事例を紹介します。3章では学校図書館における図書館多読の導入事例を，また，4章では高専・大学附属図書館の導入事例を，それぞれ紹介します。

1章 図書館多読の現状

　1章では，図書館多読の現状を概観すべく，2015年に㈱カーリルが行った全国図書館蔵書数調査結果と，筆者（西澤）が東海地区の図書館を対象に行った現地調査結果を紹介します。この時点で，図書館多読が徐々に広がってきていたことがわかります。

　続いて，2017年夏に，多読導入先行館を対象に行ったアンケート調査の結果を紹介します。ここでは，同じ図書館多読でも，公立図書館と大学附属図書館では，現状と課題が異なることがわかりました。

　公立図書館では，当初は一部の館がトップダウンで多読用図書を導入したものの，近年は担当者によるボトムアップの判断による導入が広がっていること，導入された多読用図書はよく利用されているものの，より広く多くの市民に存在を知ってもらうための広報が課題であることがわかります。

　大学附属図書館では，学生の英語学習支援のため，比較的早期に多読用図書を導入したものの，学生にあまり利用されていない館も少なくなく，英語の授業との連携，図書館による独自の利用支援の仕組み，入門用絵本シリーズの欠如など図書体系の見直しの必要性等，多くの課題があることがわかります。

（西澤　一）

1.1 図書館多読の広がり

(1) 多読資料所蔵状況調査（2015年3月）

多読用図書横断検索システム「Tadoku navi」開発のために，㈱カーリルが多読資料所蔵状況調査を行いました。調査は，カーリルが運用する図書館横断検索システムを使い，各図書館のホームページ上で公開されている各館の蔵書検索システムにアクセスし，多読用図書の所蔵数を確認する方法で行いました。カーリルの検索システムに対応する公共図書館，公民館図書室，大学等附属図書館6,411館中，所蔵を確認できた図書館は4,782館（75％）で，英文絵本を中心に，なんらかの英文図書を所蔵する図書館の比率は高いことが確認できました。しかしながら，うち500タイトル以上を所蔵し，多読用図書を整備している可能性があったのは38館（0.6％）のみ，また38館中，公立図書館は（いずれも調査前から英語多読コーナーを設置していることがわかっていた，蒲郡市，豊田市，一宮市）3館以外になく，残りは3高専を含む大学附属図書館でした。

（吉本龍司：㈱カーリル）

(2) 多読用図書所蔵館の変遷

この㈱カーリルの調査から，2015年時点の図書館多読は，高専・大学等の教育機関附属図書館が中心だったことがわかります。『快読100万語！　ペーパーバックへの道』（2002年）の出版を契機にはじまった社会人の多読と，その影響を受けてはじまった一部の教育機関の多読授業の成果を知った各大学が，附属図書館に多読用図書を導入していたものと考えら

れます。その背景には，授業や英語圏への留学，または留学生との交流等により日常的な英語使用を継続できる一部の恵まれた学生を除き，授業時間外に英語を使う機会のない大学生の英語運用能力が向上していない現実があるのでしょう。

一方，筆者（西澤）による東海地方の図書館の現地調査では，カーリルの調査で多読用図書を確認できた3館を含む，東海地方の公立図書館で，多読図書の新規導入館が徐々に増えてきたことがわかりました（下表）[1]。地域内の近隣図書館が多く，情報が交換しやすかったことが一因と考えられます。

2004～2015年に多読用図書を導入した東海地方の図書館

導入年	図書館名（2015年時点の多読用蔵書数）
2004～2005	小牧（1,200），蒲郡（2,800）
2007～2008	豊田（2,900），一宮（3,500），田原（1,200）
2009	知多（3,000），愛知県（400 + a），豊橋（300 + a）
2010	豊明（300 + a），富士宮（1,200）
2011～2012	豊川（700），刈谷（400），各務原（1,600）
2014	多治見（1,100），大府（1,200）
2015	浜松（400），岐阜市（800），静岡市（1,200），三重県（200）

東海地方の公立図書館では，業務等で日常的な英語使用の機会がない社会人でも複数年の多読継続により運用能力の向上を実感する人々が出現し，それらの人々の体験やノウハウが，図書館における利用者交流会等を通じて広がることで，新たに多読をはじめる人が徐々に増えてきているようです。地域の図書館が多読用図書を整備しているので，これを利用

することで，英語使用の擬似体験を楽しみながら継続できているのでしょう。

『図書館多読への招待』の出版（2014 年 8 月）後も，東海 4 県では愛知県を中心に多読用図書を整備する図書館が増え続け，2018 年 5 月現在，25 館以上の公立図書館が 500 冊以上多読用図書を備えた専用コーナーを設け，地域の利用者を支援しています。愛知県で 2 番目に導入し「図書館多読への招待」でも紹介した蒲郡市立図書館では，図書館主催の多読相談会が 2018 年 4 月に第 100 回目を迎えました。また，2013 年 1 月開設の一宮市中央図書館に移設された旧豊島図書館の多読用図書はその後も拡充され，尾張（愛知県西部）地方の中心的な存在として多読支援を続けています。さらに，2010 年度の多読用図書貸出数が年間 22,000 冊を記録した豊田市中央図書館も健在で，貸出数自体は一宮，知多，おおぶ，多治見の各図書館に並ばれていますが，年間 2 万冊程度の貸出数を保持しています。これらのことから，東海地方では，図書館多読が地域に根づいてきているとの印象を持っています。

（西澤　一）

1.2 先行館へのアンケート調査

（1）調査の概要

東海地方を越えた地域も含めた先行館の現状を俯瞰するため，2016 年 11 月に行われた第 3 回シンポジウム「図書館多読への招待」で実践報告をした館を中心にアンケート調査を行いました（2017 年 8〜9 月に回収）。回答館は全部で 26 館，うち公立図書館が 18 館，教育機関附属図書館が 8 館でした。

公立図書館は県立図書館が4館と市立図書館が14館で，教育機関は6大学と2高専です。

まず，これらの館が多読用図書を導入した時期（2003〜2017年：下図）には，2つの波がありました。

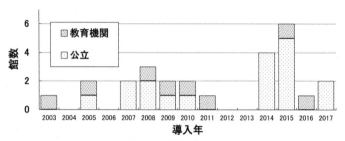

先行館の多読用図書導入年

第一の波は2003〜2011年で，回答した教育機関附属図書館の大部分（8分の6）がこの時期に導入していました。それぞれの機関に所属する教員からの提案により導入した館が過半数を占めており（6分の4），多読授業を行うもしくは支援するため，または，授業時間外の学生の自主的な英語学習を支援するために多読用図書を導入したものと考えられます。また，この時期に導入した公立図書館（18分の7）では，館長または行政からの提案等トップダウンによる意思決定で導入された事例（7分の3）が目立ちました。いずれも，2002年に発刊された『快読100万語！　ペーパーバックへの道』が導入の契機になったものと推定され，2011年には終息しています。

2014年からはじまった第二の波は，公立図書館による導入

の比率が高く（13分の11），導入提案者が図書館担当者であるボトムアップの意思決定による比率が高くなっているのが特徴です（13分の12）。すなわち，第一の波で多読を知った利用者からの要望の広がりを背景に，『図書館多読への招待』（2014年）と，第一の波で導入した一部の公立図書館の事例紹介で図書館多読を知り，自館における意義を認めた担当者が導入の中心になったものと考えられます。その意味で，第二の波は今後も続く可能性があると考えています。

　導入目的（複数選択可）は，教育機関附属図書館では，教育の一環が大部分でしたが（8分の7），公立図書館では，社会人の生涯学習支援（18分の11），多文化サービスの充実（18分の11），利用度向上策の一つ（18分の11），既存図書の活性化（18分の10）と複数の目的が含まれていました。

　蔵書構成では，全館がOxford Bookworms（OBW），または，Pearson Readers（旧Penguin Readers: PGR）を中心とするGraded Readers（GR）を導入していましたが，入門用絵本の導入状況は大きく異なっていました。すなわち，公立図書館および高専附属図書館では全館（20分の20）がOxford Reading Tree（ORT）をはじめとする入門用絵本を所蔵しているのに対し，大学附属図書館では入門用絵本の導入館は半数（6分の3）と少なく，さらにORT以外の入門用絵本シリーズも所蔵していた館は（6分の2）とさらに少数でした。

　このように，大学附属図書館と公立図書館では多読用図書の構成にも大きな違いがありますので，以下の分析は公立図書館（18館）と大学附属図書館（6館）に分けて行うことにします。

(2) 公立図書館（18館）の状況

　今回のアンケートでは，多読用図書の蔵書数を，300～600冊，600～1,200冊，1,200～2,400冊，2,400～5,000冊の4つのゾーンに分けて質問し，また，同時に多読用図書の過不足判断を問いました。多読用図書が不足している（追加不可欠）と判断していた館は，蔵書数300～600冊で2館中1館，蔵書数600～1,200冊で7館中2館，蔵書数1,200～2,400冊で4館中1館，蔵書数2,400～5,000冊では0館でした。その他の館は，十分確保できていると判断した1館（蔵書2,400～5,000冊）を除き，最小限を確保できていると判断していました。各館が対象とする利用者数にもよると考えられるますが，適切な選書がされていることを前提に，600～1,200冊を最小限の蔵書数と判断していた館が多いようでした。

　多読用図書の情報源（複数選択可）は，書籍（12館），他館（12館），利用者（9館），ホームページ（9館）と多様でした。また，導入に際し苦労していること（複数選択可）も，書誌作成（14館），選書（10館），装備（10館）と多岐に分かれました。導入館相互の情報交換が有益と考えられます。

　多読用図書の利用統計（貸出件数：一つを選択）は，外国語図書の一部として（8館），多読用図書として（7館）が多く，区分していない館は少数派でした（2館）。多読用図書だけの利用統計をとっていなくても，外国語図書の利用数がわかれば，多読サービス開始前の利用数を差し引くことで多読用図書の利用数を十分推定できるため，多くの館では利用統計を活用した多読支援サービスの評価，点検が可能と考えられます。

　朗読CD付き図書の比率は，3割以上（3館），2割程度（3館），なし（2館）は少なく，1割程度（4館），一部（6館）が

多数派でした。特に社会人の多読では，朗読音声を活用した「聴き読み」が，早期に英文和訳から卒業し英文から直接意味を汲み取る読み方に転換するために有効と考えられますが，一部の出版社は自社ホームページから朗読音声データをダウンロードするサービスを行っているため，図書館が朗読CD付き図書を所蔵する価値については，今後も各館の判断が分かれるものと推測されます。

多読用図書情報（語数，レベル，YL：複数選択可）表示は，図書にラベル（14館），図書リストを配置（12館），書架にシリーズ別の掲示（11館），図書リストをホームページ上に配置（7館）と，各館がそれぞれに工夫していることがわかりました。第I部でも述べたように，英文レベルについては複数の表示法が存在するので，今後も各館の判断によりさまざまな表示方法がされていくものと考えられます。

多読講座を定期的に開催している館は15館で，うち6館は年2回以上実施していました。一方，利用者支援（利用者交流会・読書会等）を展開していたのは（調査当時）7館と半数に満たず，交流会等を主催していたのは5館のみでした。ただし，調査後の2017年12月以降に2館が利用者交流会をはじめており，今後は図書館による利用者支援が広がるものと期待しています。

2015年以降に導入した2館を除き，16館で過去1年間に他館へ貸出（相互貸借）した実績がありました。一方，過去1年間に他機関と連携（地域の学校，団体等への貸出等）した実績があったのは7館だけでした。他機関との連携は今後の課題と考えられます。

現在の課題（複数選択可）で最も多かったのは，広報（存在が

利用者に知られていない）の 12 館で，これに続いたのは職員の
理解（5 館）でした。また，2011 年以前の初期導入館では，利
用の長期減少（4 館）が課題としてあげられていましたが，入
門用図書中心の蔵書構成では，薄くて貸出冊数が多くなる入
門用絵本の利用が中心の新規利用者が少なくなれば利用が減
少することから，これも広報の問題と捉えることができるで
しょう。

　今後の実施を検討している施策（複数選択可）では，2011
年以前の初期導入館の大部分（7 館中 6 館）が，利用者交流会
の主催・支援をあげていましたが，その他の施策では，多読
の読みかた紹介（冊子等）（6 館），図書情報（語数，英文レベル
等）の表示（5 館），蔵書リストの公開（ホームページ）（5 館），
多読の読みかた紹介（入門講座）（4 館）と続いていました。
新規利用者に，学校時代の英語講読とは大きく異なる多読の
アプローチを伝える導入教育の必要性を認識しているようで
した。

(3)　大学附属図書館（6 館）の状況

　多読用図書の蔵書数は，蔵書 300～600 冊が 1 館，600～
1,200 冊が 1 館，1,200～2,400 冊が 1 館，2,400～5,000 冊が 2
館，5,000 冊以上が 1 館と広く分布していますが，蔵書が不足
している（追加不可欠）と判断していたのは（5,000 冊以上を所
蔵する）1 館のみで，ほかの 5 館は最小限を確保できていると
判断していました。学生数，多読授業の有無により，多読用
図書の利用度は大きく変化するため，アンケート結果から各
館の状況を把握することは難しいのですが，最も蔵書数の多
い館が蔵書数不足と判断していたことが印象的でした。

一方，多読用図書の利用統計は，区分していない館が多いため（5館），定量的な利用状況は把握できませんが，現在の課題（複数選択可）で最も多かったのが，低利用度（期待ほど利用されない）の4館，これに続いたのは利用の偏り（蔵書の一部に利用が集中）の3館と，利用の（時期的）集中・波の2館となっており，導入された多読用図書があまり利用されていないことが大きな課題であり，英語の授業との連携や，蔵書体系の見直しも検討の余地があると推測されます。

　また，多読講座を定期的に開催している館は2館（いずれも年2回以上実施），利用者支援（利用者交流会・読書会等）を展開していたのも（同じ）2館と少数派でした。たとえ英語の授業で多読活動がされていたとしても，学生が在学期間を通して多読授業を継続受講できる例は少ないと推察されますので，今後は，図書館が学生の多読を直接支援するしくみも必要ではないでしょうか。

　さらに，前述したように，大学附属図書館では入門用絵本の導入館が少なく，さらにORT以外の入門用絵本シリーズも所蔵していた館が2館と少なかった点が，公立図書館および高専附属図書館における多読用図書の蔵書構成と大きく異なっています。

　大学附属図書館に絵本を導入することに心理的抵抗があることは一般論としては理解できますが，多読用図書構成としては，入門用絵本シリーズがないことが致命的になります。日常的に英語に触れる機会が豊富にある英語専攻の学生のみを対象とする場合を除き，そのような機会のほとんどない大学生が多読で英語力を身につけるには，入門用絵本から読みはじめることが不可欠だからです。学生の利用度を高めるた

1章　図書館多読の現状………89

めにも，入門用絵本シリーズの追加導入を検討してみる必要がありましょう。

（西澤　一）

注

1）　Nishizawa, H, Yoshioka, T. Public Libraries Support ER of Adult EFL Learners in Japan, *Proc. of 3rd World Congress on Extensive Reading*, Dubai, 2015.

2章 公共図書館から

　2章では，利用者支援と学校連携に注目し，これらに取り組む公共図書館の事例を紹介します。利用者交流会に取り組んでいるのは，参加者が平均20人を超える大府市のおおぶ文化交流の杜図書館と，月2回の利用者交流会を主催している多治見市図書館です。

　また，地域の学校との連携をとっているのは，多読用図書の団体貸出サービスを行っている岐阜県図書館，知多市立中央図書館，東京都立多摩図書館です。

（西澤　一）

2.1 多治見市図書館

岐阜県の多治見市図書館は，東海地方では比較的新しく多読用図書を導入した図書館ですが，先行館によく学び，よく整った多読用図書体系を構築，定期的に講座を開くと同時に，利用者交流の場である「たじみ多読を楽しむ会」を立ち上げる等，さまざまな取り組みを行っており，図書館多読を導入検討中の図書館にぜひ知ってほしい事例です。

　多治見市図書館では，2014年9月に利用者の語学学習をサ

ポートすることを目的にして英語多読コーナーを開設しました。あわせて多読のはじめかたやすすめかたを学ぶ講座を開催し，英語多読の取り組みをスタートさせました。さらに同年 10 月には，多読を楽しむ利用者が交流できる場として，「たじみ多読を楽しむ会」（以下「T. T. T.」とする）を設立しました。

多治見市図書館では，（1）多読資料の収集，（2）定期的な講座の開催，（3）T. T. T. のサポート，この 3 つを柱にして英語多読事業に取り組んでいます。

（1）　多読資料の収集

開設当初は約 360 冊でスタート，蔵書数 3,000 冊を目標として現在資料構築中です。資料構築を行う上で，選書はとても重要であります。筆者自身，さまざまな多読講演会や講座に参加し多読について知る機会を大切にしています。「NPO 多言語多読」の酒井邦秀氏の多読講演会では，音の重要性を知り，朗読音声（CD）のある資料も積極的に収集しています。また豊田工業高等専門学校の西澤一氏の多読講座を受講して多読への理解を深め，計画的な資料収集の必要性を学びました。西澤氏には選書アドバイザーとして，多治見市図書館の選書への助言をお願いしています。図書館がやさしいレベルの絵本をたくさん取り揃え，多読を継続するために必要な児童書そして Graded Readers を計画的に収集し，提供することは，利用者が多読をすすめる上で重要な要因になると考えています。読みやすいシリーズ，読書興味のわくシリーズやジャンル等適切に資料提供を行えれば，利用者の多読継続を促進し，さらに多読資料の利用を高めることへとつながり，資料収集という図書館の役割が明確化します。

多治見市図書館では，収集した資料 1 冊ずつに YL（読みやすさレベル）と総語数を表示したシールを貼付するとともに，シリーズごとにリストを作成し利用者に配布しています。利用者はこのリストを，個人の多読をすすめるための必要なツールとして活用しています。図書館のホームページ上でも，多読資料の公開とリストのダウンロードができるよう，利用者の利便性を第一に工夫しています[1]。

(2) 定期的な講座の開催

2014 年から 2018 年 3 月までに，計 7 回講座を開催しました。内訳は，初心者向け講座 3 回＋講演会 1 回，継続者向け講座 3 回で，2017 年度は 6 月に継続者向け講座と，2018 年 1 月に初心者向け親子講座を開催しました。講座開催後は必ず多読資料の貸出冊数の上昇が顕著に表れ，多読を継続する有意義な機会となっていることがわかります（p.96 のグラフ参照）。

講座参加者は毎回 40 人前後あり，利用者の多読への興味・関心，そして多読継続への期待が動機となっていることが感じられます。

初心者向けの講座は，多読のしくみと図書館にある多読資料を活用した多読のすすめかたを学ぶための大切な機会となります。また図書館にとっても，まだまだ認知度の低い英語多読を PR することは不可欠で，図書館活用と多読資料の利用を高める上でも，有効な機会となります。

継続者向けの講座は，多読をはじめた利用者がさらに継続への意欲を高め，途切れがちになった気持ちを奮い立たせ，長期継続のために必要なものは何かを再確認できる絶好の機

会となります。講座への参加を経て，多読を継続するには仲間の存在が大きな力になることを知り，交流の場となるT. T. T. へ参加する人も多いです。図書館多読をすすめる上で重要な第2の要因は，個々の多読をサポートする講座にあると考えられます。

　今後も多治見市図書館では，定期的な講座開催を大切な利用者支援として取り組んでいきます。

(3)　「たじみ多読を楽しむ会」(T.T.T.) のサポート

　多治見市図書館の特色であり，また多読コーナーの成長(多読資料の利用増) とT.T.T.の発展は比例しています。T.T.T.をサポートする図書館職員も，メンバーとして一緒に活動していることも特長の一つです。

　開設当初からこれまでの間，T.T.T.を開催する際には3つの点を心がけています。まずは，①参加者の緊張がほぐれるように，飲み物を用意しています。②お互いが打ち解けることができるように，ニックネームで呼び合っています。③参加者全員が発言できるように，発言時間の制限を設けています。特に初めて参加する方が，気軽に発言できるような雰囲気づくりに気を配っていますが，これはメンバーの中にも浸透していて，メンバー全員が温かく歓迎しようという空気が自然に広がっています。このような土台を築くことは，職員の役割の一つであると考えました。

　T.T.T.の活動は3年間で，当初月1回の多読クラブから，月2回の多読クラブと月1回の読書会の組合せへと発展してきました。読書会は，静かな環境の中で読書の時間を共有できる貴重な時間として，中心的なメンバーから大切にされて

います。そしてさらに仲間を増やしたいという想いから，中心的なメンバーが揃う読書会の時間を利用して，これから多読をはじめる方にむけた英語多読体験会を随時開催し，メンバーみんなでサポートする活動もはじまりました。多読クラブの開催日時も，日曜日の午後からの開催をはじめたことで，市外そして県外からの参加者が増えてきました。東海地方では，多読資料を所蔵する図書館が増えてきていますが，交流できる場はまだまだ少なく，「多治見の活動が盛んだから」という動機で参加される方が多いです。

T.T.T.の活動を通して仲間の大切さを学んだメンバーは，さらにもっと多くの仲間をつくるために，さまざまなイベントを企画しています。イベントの実施は貸出にも結びつき，2017年度はこれまでの過去最高の 22,901 冊の貸出冊数になりました。T.T.T.メンバー発案による「英語多読マラソン」（10月開催）は，ポスター・応募用紙等をすべてメンバーが作成し，さらにマラソン参加者をメンバーが伴走する目的で，おすすめ本を紹介する帯を作成しながら，メンバー手づくりのイベントとして開催しました。1か月間に 10 冊の多読資料を読んでゴールを目指す企画の効果は絶大で，読書意欲を高め読書の世界を広げる機会となり，月間貸出冊数 2,293 冊は 2017年度最高となりました。

そして，新たにはじまったイベント「メガネチャレンジ」は，多読資料の入門書となる Oxford Reading Tree シリーズを活用する企画で，小さな子どもから大人までが楽しむことのできるものです。これまでに資料の貸出，そして資料予約まで上昇しています。2017 年初めて開催した西澤氏による親子向け多読講座の中でも，この「メガネチャレンジ」の実施

2章　公共図書館から………95

は好評で，楽しそうに絵本の中のメガネ探しをする子どもたちの様子は印象的でした。T.T.T.メンバーによるこのイベントは，利用者層をさらに拡大し，多読資料の貸出をより活発にする企画となっています。

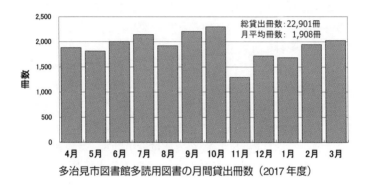

多治見市図書館多読用図書の月間貸出冊数（2017年度）

　また，メンバーの中には多読の長期継続をすることで，英検・TOEICといった資格試験に挑戦し，多読の効果を試す人もいます。こうした個人の活動も，他のメンバーの多読継続への意欲を相互に高めることにつながっています。

　図書館が支援としてはじめたT.T.T.の活動は，メンバーが助け合い，メンバーを応援し，さらに自らが新しい仲間を生み出すカタチへと発展してきました。今後も多治見市図書館は，T.T.T.メンバーとともに，多読を楽しむ仲間を増やしながら歩んでいきたいと思います。

（飯沼恵子：多治見市図書館）

2.2 おおぶ文化交流の杜図書館

愛知県大府市にある，おおぶ文化交流の杜図書館は，親子多読で有名な「大府で多読『英語で本を読み隊』」を開催していますが，図書館全体で多読に取り組み，複数の担当者がチームで支えていることにも注目ください。

　おおぶ文化交流の杜図書館の英文多読コーナーは，2014 年7 月にスタートしました。現在の蔵書数は約 3,000 点で，そのうち約 300 点が CD です。定期的に蔵書を増やしており，初めは腰ほどの高さの棚を使った小さなコーナーでしたが，現在は通常サイズの棚の片面を丸ごと使っています。

　講座は 2015 年から年に 1 回開催しており，1 回目の講師は西澤一氏，2，3 回目には酒井邦秀氏に来ていただきました。2017 年 6 月に開催した 3 回目には 100 人近くの参加者があり，改めて英文多読に対する利用者の関心の高さを実感しました。

　2017 年の講座の後から，英文多読交流会「大府で多読『英語で本を読み隊』」[2] を毎月 1 回，開催しています。

(1)　多読サークル：大府で多読「英語で本を読み隊」

　「大府で多読『英語で本を読み隊』」（「英語で本を読み隊」）は，子どもからお年寄りまで，多読初心者も上級者も，申込不要で開催時間中なら出入り自由の，アットホームな集いです。「英語で本を読み隊」は約 1 時間のイベントで，最初の 30 分は，参加者がそれぞれ好きな本を読み，残りの 30 分は，自己紹介や新着本，上級者によるおすすめ本の紹介，質問コーナ

ーなどの時間になっています。毎月の参加者はおよそ15人～20人で，小さな子どもを連れた方もたくさんいらっしゃいます。

　運営は常連の図書館利用者である「タドキスト」（多読愛好家）にお力添えいただいています。この方はチラシ・ポスターの作成から当日の司会進行まで，ほぼ1人でこなしてしまう超敏腕タドキストで，現在の大府の図書館の多読コーナーの盛り上がりは，この人なしではありえないとさえ思えるような方です。

　イベントには多読上級者の常連も参加されますが，初めて参加する初心者も毎回多くいらっしゃいます。イベントを開催しているのがガラス張りの開放的な空間であるため，開催中の部屋の中の楽しそうな雰囲気が外に伝わって，多読に興味を持ってもらうきっかけになっているのだと思います。

　実際に，当館の外国語図書の貸出冊数は「英語で本を読み隊」がスタートしてから増加しています。「英語で本を読み隊」がはじまる前は，毎月の貸出冊数はおよそ1,900冊前後でしたが，2016年11月にスタートしてから3か月後には2,000冊を超え，その後も安定して2,200冊前後となっています。もちろん，貸出冊数がすべてではありませんが，大府の多読の盛り上がり具合を示す一つのデータにはなるはずです。

　酒井氏も講座などでおっしゃっていましたが，英文多読には仲間がいることがとても重要だと思います。多読上級者に道を示してもらい，仲間と助け合って「多読」というゆるやかな登山を楽しむ。それを実現する上で「英語で本を読み隊」は非常に大きな意味を持つのではないでしょうか。

(2) 今後の目標

　当館の英文多読の担当者は，立ち上げ時から2回の人員交代を経て，現在は4人となっています。図書館の英文多読の担当者人数としては多めかもしれませんが，まだまだ大府の英文多読コーナーは未熟な部分も多くあります。担当者を含め，図書館職員も英文多読についての理解が浅く，利用者の方々にきちんと魅力を伝えられていないような気もします。それでも多くの方に資料を利用していただけるのは，当館を利用してくださるタドキストのみなさんの協力があるからなのではないかと思います。「英語で本を読み隊」だけでなく，講座や多読本の装備などでも，たくさんの方にご協力いただいています。

　今後はこのような図書館と利用者の連携を強化し，地域の多読コミュニティがより一層盛り上がるように取り組んでいきます。

（神谷洋輔：おおぶ文化交流の杜図書館）

2.3 知多市立中央図書館

愛知県の知多市立中央図書館は，早い時期に多読を導入した図書館ですが，近年は地域の学校と連携して，多読用図書の団体貸出を積極的にすすめています。

　知多市立中央図書館に，専用の「英文多読コーナー」が設置されたのは2009年でした。専用コーナー設置の理由の一つとして，学校教育などにおいても英語の需要が高まること

を意識し，英文多読資料を提供することがありました。その方法として考えられたのが学校連携です。当館の立地上，公共交通機関が少なく，自力で来館することが困難な生徒も多く，定期的に来館して気軽に読む状況にはなりにくいため，多読環境を整え広げるためには，学校との連携が最適であると考えたからです。

学会などで発表の場がある際には，学校連携への展望を話してきました。その活動が実を結び，隣市の愛知県立常滑高等学校の先生より当館への協力要請をいただく次第となりました。また同時期に，市内の愛知県立知多翔洋高等学校へ多読資料の説明と今後の連携について提案させていただいた結果，了承を得ることができました。そして，2015年より2校に団体貸出という形での資料提供がはじまりました。

当館の団体貸出の貸出期間は1か月，1校に月約120冊の貸出を行いました。状況によって貸出冊数の増減はありましたが，年間約3,000冊の貸出実績となりました。貸出の流れとしては，事前に学校から利用冊数やYLなど要望の聞き取りを行い，担当がそれに応じてORTシリーズを中心に資料の選定をして，月に一度交換して貸し出すという形になっています。

団体貸出による資料提供の課題は，連携当初から現在に至るまでに大きく分けて2つあります。

一つは，資料数の確保です。当館の外国語資料は2015年度時点で3,000冊以上あり，一般利用には問題がありません。しかし，学校へ大量に貸出するためには，初級のレベルの資料が足りませんでした。安定した資料数の確保のため，事前にORTのStage 3～9の複本を購入することにしましたが，

100

それでも貸出を継続的に行った際，YL 1.0 までの資料，特に YL 0.4〜0.6 が足りない状況が発生しました。その対策として，追加で新たなシリーズの購入をしていきました。YL 1.0 の壁を厚いと感じるのは一般の利用者も同じであり，団体利用を通じて，当館の補充すべきレベルの本が何かを知る機会にもなりました。

　もう一つの課題が資料の装備です。英文多読専用コーナーを設立した当初は，資料1冊ずつに語数シールの貼付をボランティアの協力のもとで行いましたが，資料の増加に伴い，語数シールではなく多読目録で語数の確認をするようになっていました。しかし，読書が学校内に限られる場合，スムーズに記録するには，その場で資料ごとの語数情報が必要となります。そのため，学校連携がはじまってからは，未装備の資料には職員が追加で語数シールを貼付し，新規購入の資料は装備時に貼付しています。しかし，調査しても語数がわからない資料にはシールを貼付できないこともあります。このように，多読に関する情報の調査および装備をする時間を確保するのも課題となっています。

　今後の展望としては，高等学校だけではなく，小・中学校とも連携事業の拡大を目指しています。そのため，現在は市内の中学校などに多読資料を紹介する活動を行っております。

　また，本を置くだけでは多読の読みかたや楽しさを伝えることができませんので，図書館職員によるミニ講座などの PR 活動を行いたいと思っています。さらに，図書館側の提供だけではなく，多読を利用した生徒との相互協力が行えるように発展させていきたいと考えています。

（渡壁智恵：知多市立中央図書館）

2.4 岐阜県図書館

岐阜県図書館は，従来から行っていた学校向け貸出のセット文庫に
多読用図書セットを加え，県内の学校と連携をすすめています。一
般利用者向けの多読用コーナー整備もはじめました。

　岐阜県図書館では，子どもの読書環境を整えるための施策
の一環として，2006 年度から県内の学校を対象にセット文庫
の貸出を行っています。小・中学校版セットについては，調
べ学習や朝読書など，6 千冊以上が整備されていることから，
2014 年度からは，高等学校・特別支援学校版セットを重点的
に整備することにしました。

　選書にあたり，グローバルな人材育成を図るため，グロー
バルコミュニケーション能力の一つである英語力向上を支援
することを目的に，英語関係のセットを準備することにしま
した。そして，高校司書からもリクエストがあった，英語多
読のセットを揃えることにしました。

　現在，岐阜県図書館のセット文庫で揃えている多読用図書
は，次のとおりです。

Oxford Reading Tree　　Stage 1〜9

Oxford Reading Tree

　　TreeTops Time Chronicles　Stage 11＋〜13＋

Oxford Reading Tree

　　Patterned Stories Pack　　　　Stage 1＋

　　More Patterned Stories Pack　Stage 2

Foundations Reading Library
高等学校・特別支援学校版セット 801 冊のうち
英語多読 482 冊（2018 年 1 月末現在）

　セットの中で利用が多いのは，Oxford Reading Tree の Stage 2～9 までのセットです。セットが戻ると，次の学校へ貸し出すという形で，年間を通して複数のセットが利用されています。英語多読のセットが揃っていること，そのよさが知られてきたことなどから，利用が少しずつ広がってきています。

　より多くの学校に利用してもらえるよう，2016～2017 年度にかけて，Oxford Reading Tree の Stage 2～9 の複本を準備しました。また，セット文庫だけでなく，海外情報コーナーにも英語多読の本を揃えています。

　同時に，英語習得に向けた取り組みとして，所蔵資料を活用した「英語多読講座」を開催しています。多読初心者に向けて，海外情報コーナーにあるやさしい英語で書かれた本をご覧いただきながら，多読の取り組み方や本の選びかた等，多読をはじめるにあたって必要となる情報をお伝えしています。また，今後，リクエストに応じて，新しいセットを購入することも検討しています。

　ぜひ，多くの学校の先生，生徒のみなさんに英語多読の本を活用していただき，楽しく読書をしながら，英語力を向上してもらえることを願っています。

（大野智子：岐阜県図書館）

2.5 東京都立多摩図書館

東京都立多摩図書館には，中高生向けの多読コーナーがあります。
2017 年度には都立学校への多読用図書のセット貸出もはじめました。

　東京都立図書館は，中央図書館（港区）と多摩図書館（国分
寺市）の 2 館あります。このうち都立多摩図書館は，「東京マ
ガジンバンク」という雑誌のサービスと，都内の子どもの読
書活動を推進する児童・青少年資料サービスの 2 つに力を入
れています。この中で外国語の子どもの本も収集しています。
　今回は都立多摩図書館で行っている多読に関する 2 つの取
り組みと，所蔵している外国語の子どもの本についてご紹介
します。

(1)　英語多読棚の設置

　「英語多読棚」は，中高生向けの資料を集めた「青少年エ
リア」の一角に，2014 年に設置しました。設置のきっかけは，
都立高校からの問合せです。多読のために絵本を探している，
ということで，当館で所蔵している英語の絵本を案内しまし
た。こうして多読資料への意識を持ちはじめた頃，一般の利
用者からレファレンスも何件か寄せられるようになり，ニー
ズに合わせて購入を開始したのです。
　当初は多読資料と参考書を合わせて数十冊でしたが，その
後毎年追加購入して，2018 年 3 月現在では 500 冊以上になり
ました。
　図書館にはさまざまな年代の人が来館するため，この英語

多読棚も，中高生世代を中心に子どもから大人まで幅広く使われています。中には，日本語が母語でない年少の子どもが保護者と読んでいる姿も見受けられます。都立図書館は個人貸出をしていないため，原則として資料は館内での利用になりますが，ほぼ棚に揃った状態でいつでもご覧になることができます。

英語多読棚に並んでいる主な資料（2018 年 3 月現在）

シリーズ名	レベル	冊数
Oxford reading tree	Stage 1～Stage 9	168
I can read book	My First～Level 3	47
Penguin young readers	Level 1～Level 3	19
Penguin readers	Level 1～Level 6	135
Oxford bookworms	Stage 1～Stage 3	24
Who was--?		16
Nate the great		17
Magic tree house		33
ラダーシリーズ	Level 1～Level 6	36
IBC オーディオブックス	Level 1～Level 4	28
	合計	523

(2) 「モバイル・ライブラリー」の実施

　当館では，2017 年度からモデル事業として英語多読資料セットを学校に貸出するサービスを行っています。これを「モバイル・ライブラリー」と呼んでおり，都立高校・中高一貫

教育校での読書や学習を支援するために開始しました。

モバイル・ライブラリーは，当館から貸出した資料によって生徒が多読を体験し，その後，学校として資料を揃え，継続して取り組んでいってもらうことを目指しています。

2017 年度の貸出セットの内訳は，英語多読用図書（リーダー）が 60 冊程度，英語で書かれた絵本ややさしい読み物が 40 冊程度，それにガイドブック（参考図書）が 3 冊です。CD が付属しているリーダーは，CD も貸出セットに含まれています。このセットを 2 種類つくって 2 セットずつ，計 4 セットを用意し，4 校に貸出しました。

貸出先の学校での資料の活用方法としては，英語の授業時間の一部を多読にあてるほか，総合的な学習の時間や朝読書の時間を多読にあてたり，授業時間外でも，部活動や委員会活動で実施してもらう，また，図書館に資料を置き，自由に利用してもらうなどを想定しています。

年度末に各校にヒアリングを行い，次年度以降の取り組みにつなげていきます。

(3) 所蔵する外国語の子どもの本

英語多読棚以外にも，当館には外国語で書かれた児童書や絵本を約 24,000 冊（うち英語は約 13,000 冊）所蔵しています。そのうち「こどものへや」には約 2,800 冊（うち英語は約 1,200 冊）置いてあり，どなたでも自由に読むことができます。これ以外の本は書庫にありますが，書庫から取り寄せてご覧になれます。

これらの蔵書は都立図書館のホームページの蔵書検索（OPAC）から検索できるので，お探しの資料を事前に調べる

ことができます。また，蔵書の一部ですが，外国語の子ども
の本を紹介するページもあります[3]。

（村川茉里子：東京都立多摩図書館）

注

1)　多治見市図書館ホームページ「英語多読を始めませんか」
　　http://www.lb.tajimi.gifu.jp/tadoku.html（参照 2018-12-15）
2)　大府で多読「英語で読み隊」の活動内容については，第Ⅰ部1章1.6
　　（p.30〜33）で紹介しています。
3)　東京都立図書館ホームページ「外国語の子供の本」
　　http://www.library.metro.tokyo.jp/junior/foreign_language/index.html（参照
　　2018-12-15）

3章 学校図書館から

　学校図書館は，児童・生徒の主体的，意欲的な学習活動や読書活動を充実させるために大切な役割を担っています。また，これからさらに必要とされる英語教育をどのように支援していくのかが大きな課題といえます。

　学校図書館は，小・中・高校では取り組みかたも違っているので，それぞれの学校の立場からみた多読の導入について紹介していきます。

（米澤久美子）

3.1 学校図書館では

　2017年3月に公示された新学習指導要領では，小学校の中学年で「外国語活動」，高学年で「外国語科」が導入されました。2018年から2019年の移行期を経て，2020年から全面実施となります。学習指導要領とは，全国のどの地域で教育を受けても，一定の水準の教育を受けられるようにするため，各学校で教育課程（カリキュラム）を編成する際の基準となるものです。小学校，中学校，高等学校等ごとに，教科の目標や大まかな教育内容を定めていて，ほぼ10年ごとに改訂されています。今回の改訂により，小学校で新しい外国語教育がはじまるにともない，学校現場では今後，英語教育の広が

りと，対応が求められていくことが予想されます。

　やさしい絵本から楽しくはじめることができる英語多読は，外国語教育導入の一歩としてとても効果的であることを，学校に広げてゆき，活用されるよう学校図書館として支援していく必要があります。

(1)　小学校の場合

　前述のように，小学校で外国語科がはじまることから，英語を教える側の教師や指導者を，学校図書館で支援することができるのではないかと考えます。小学校での多読の導入は，全国的にみてもまだこれからという状況ですが，公立小学校では教育委員会が主導で英語多読を採用した自治体もあります。

　実際にどのように行うかは，モジュール（短時間学習）を活用して多読の本を読む，読み聞かせをする，授業のはじめや最後の 10 分間を使う，朝の読書の時間やそれ以外の「すきまの時間」を活用することで多読を導入しやすくなると考えられます。

(2)　中学校の場合

　中学校でも，公立と私立では大きな差がみられるようです。公立中学の場合は，公立小学校と同様に教育委員会のかかわりが大きくなっているようです。また，これからは小学校から英語学習が開始されるので，中学校の英語も変わっていくことが考えられます。

（米澤久美子）

3章　学校図書館から………109

3.2 岐阜県公立中学校

公立中学校の英語授業での多読実践は珍しく，学校図書館との連携事例も少ないのですが，ここでは岐阜県の公立中学校での活用事例を紹介します。

　多読図書は，外国語で書かれているため，教師が積極的に支援をしていかなければ生徒が自発的に読むことは少ないと思われます。ここでは，英語授業での多読実践の経験から，自立した読者を育成するために，授業内多読の補充活動として学校図書館を活用した生徒の自治活動を提案します。

(1) 仲間と物語を共有することの大切さ

　筆者は公立中学校で，3年生の英語の授業（週4時間）のうち，1時間を多読の授業に充てて多読実践を行っています。その中で，生徒たちの多読への取り組みが飛躍的に変化したときがあります。それは各自で読書をすすめるだけでなく，Book Talk と呼ばれる読んだ本について英語で話す対話活動や，Book Tree という本を紹介するポスターをつくり，それを活用した活動を行った頃からです。

　Book Talk や Book Tree の目的は学びの共同体の構築です。クラスメートがどの程度のレベルの，どんなジャンルの本を読み，どのような感想を持ったかを知って，自分の好みに合う本を見つけるとともに，仲間から刺激を受けて自己の読みかたを振り返る機会を与えました。結果として，英語力の向上とともに，物語をより深く読むことができる生徒が増え，

110

学級の半数近くの生徒が，中学校卒業後も多読の本が身近にあれば読みたいと希望するようになりました。

(2) 英語授業の補充的な図書館活動の提案

学校図書館のよさは，生徒自治による読書活動が全校規模で行えることです。図書委員会主催の図書館活動で，授業で行った Book Talk や Book Tree などを行えば，授業と連動させ，学年を越えた交流の場で多読の機会を増やすことができます。英語授業でそのノウハウを体験している生徒がかかわれば，教師も一読者として参加できます。教師が生徒と同じ目線で参加することで，生徒の多読への意欲や関心がより高まることが期待できます。

Book Tree

Book Talk や Book Tree Project は英語で行うことが理想です。それにより英語力が伸びたり，原書を読むことのよさが

引き出されたりするからです。その際，英語は，正確さは問わず，本のおもしろさが伝わることを重要視します。ブロークンイングリッシュであっても，自分の意見や感想を伝えることができる喜びが味わえることがポイントです。

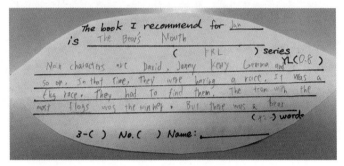

Book Leaf の一例

(3) Book Talk

本を1冊選び，それについて簡単な英語で紹介する対話活動です。質問はあらかじめ用意されたものを毎回たずねます（例：What book did you read? What is your favorite page? Do you like the story? Why? など）。ペアでジャンケンをし，勝った人が対話をはじめます。その際に，Conversation Strategies と呼ばれる"Hello, how are you?", "Oh, I see", "How about you?"といった，対話をするための方略的なフレーズを多用し，自然な流れで対話をすすめることがコツです。この Conversation Strategies は英語授業で段階的に教授，練習されていることが前提となります。同じ本について，少なくとも3人以上の相手と対話することが大切です。

(4) Book Tree Project

模造紙に大きな木を描き，枝をシリーズごとに色分けして
おきます。縦軸に本の難易度（YL）を示す数字を記入し，梢
の先に行くほどレベルが高くなるようにします。読者は気に
入った本を1冊選び，それについて木の葉型の小さな紙（leaf）
に30語ほどの英語で紹介文を書きます。図書室のカウンタ
ーに自由にleafを入れられるポストを置いておくとよいでし
ょう。そのleafをレベルやシリーズ別に木に貼り付けていく
と，レベルの上昇につれ木の上の方へと葉が茂っていく様子
や，人気のシリーズが何かが一目でわかります。

（栗下典子：岐阜県公立中学校教諭）

3.3 文京学院大学女子中学校高等学校

**私立学校には，中高一貫校で多読を取り入れている学校も多くあり，
実績を上げています。**

本校では週に一度，多読授業を中学・高校ともに取り入れ
ています。個人的な経験からも，多読を取り入れることで自
然な英語を身につけることができると考えていたので，試験
的にさまざまな取り組みを担当クラス（高校1～3年）で実施
しました。多読を実践する中で一つの大きな障壁となるのは，
「時間の確保」です。

時間確保のためには，授業外でも読みたいと思えるモチベ
ーションを高めること，楽しく読むことのできる洋書を手軽
に入手できることの2つが必要だと考えます。今回は後者に

3章　学校図書館から………113

ついての図書館と連携をご紹介したいと思います。

　まず，前提として週1回，50分の授業では十分なインプット量とはいえません。そのため，授業外でいかに量を読ませるかが課題となります。通常の授業は「多読の部屋」という教室で実施していますが，全クラスがこの教室で多読授業をするため，ここの本を貸し出すことはなかなかできません。そこで頼りにできるのは図書館です。本校では図書館にも2,747冊の蔵書を置いてもらっているので，生徒たちにもぜひ活用してもらうために，以下を実施しました。

(1)　図書館で借りるサイクルをつくる

　1冊は洋書を読むという週末課題を出しました。本のタイトル，簡単な感想を書いた「Book Diary」を月曜に回収します。その本を選ぶために，週末は図書館で多読授業をしました。英語だと日本語以上に「知らない本」に対しては手を出しにくいので，丁寧に本の紹介をします。中には「多読の部屋」にある本の続きを図書室にも置いてもらっているので，好きなシリーズのまだ読んだことがない本を見つけて生徒たちは目を輝かせます。

　紹介が終わったら，好きな本を読む前に，その日借りて週末に読む本を選んで手続きを済ませます。そうすると，返すときにまた次の週末に読む本を借りるというサイクルをつくることができるのではないかと考えます。毎週でなくとも，何度か図書館多読授業を実施すると，図書館をより身近な場所と感じ，洋書を借りに行く習慣がつく生徒が増えてきました。

(2) 「多読通信」での工夫

　不定期で「多読通信」を発行し，少しでもモチベーションアップにつながること，そして他の生徒へのよい刺激になることを願って，図書館で借りた冊数が多い人トップ5を掲載しました。また，図書館をより身近に感じてもらうために，「本のソムリエ」として司書の先生にもおすすめの本を紹介してもらいました。

また，「多読おすすめコーナー」をつくり，生徒におすすめカードを書いてもらい，本と一緒に図書館に飾りました。利用者に「読んでみたい」と思ったカードを投票してもらい，人気だったカードを作成した生徒をクラスで表彰しました。カードがあることによって，洋書を手にとりやすくなる，投票してもらうことによって，出展中の生徒が他の生徒に図書館多読を宣伝してくれる，という効果がありました。

日本の高校生は部活に課題に……と忙しい中で，その貴重な時間で多読を楽しんでもらうのは至難の業ではありますが，少しでも自然な英語を楽しく身につけられる生徒が増えることを祈り，今後も試行錯誤を続けていきたいと思います。

（飯野仁美：文京学院大学女子中学校高等学校）

3.4 東京都立府中東高等学校

高校でも公立と私立で違いがあり，一般的に私立の場合は指導者の異動が少ないため，継続的に指導や支援ができるというメリットがあります。東京の都立高校の中には新設校で開校時から英語多読を導入している学校，英語重視や特色あるタイプの学校で実践例がありますが，ここでは普通科都立高校でゼロからはじめた一例と生徒の声を紹介します。

(1) 都立高校図書館での多読のすすめかた

本校は全日制課程の普通科高校で，筆者は前任校などの経験から多読図書を導入したいと考え，異動した 2013 年度よ

り図書館予算で英語多読図書の購入を開始しました。予算もない初年度は、ORT シリーズ（1 から 3）と Scholastic 社の絵本セット（Pre-K 程度）を購入することからスタートし、図書館に小さな多読コーナーをつくりました。

2014 年度に英語科教員が多読をはじめたいということで、夏休みの夏期講習で英語多読講座を開くことができました。図書館で 3 回実施し、8 人ほどの参加でしたが、それをきっかけに多読を継続する生徒が出てきました。11 月の読書週間に図書館で ALT（assistant language teacher）の先生に英語絵本の読み聞かせをしてもらうなど、校内へ多読を PR することに努めました。

2015 年度には、3 年生の総合的な学習の時間（前期、後期入れ替え制）で、図書館で週 1 回「やさしい英語の本をよんでみよう」という授業が実施されました。最初に教員と司書が多読について説明して、ORT を手にとることからはじめ、4 回目までは ORT と YL 1 未満の本だけを読み、その後は生徒が自分で選んで読書をし、多読記録ノートにタイトル・語数・コメントを記入するという内容です。CD 音源の聞き読み、ALT や生徒の読み聞かせも取り入れ、司書からはプロジェクターで本の紹介や ORT にちなんだクイズなどを行いました。

講座終了時の生徒のアンケートには、「初めてこんなに絵本を見て、知らぬ間にたくさん（英語の）文字をよんでいた」、「英語を日本語になおして理解していないのがわかった」、「英語の本を読むのが楽しい」、「簡単な単語と文が多くて読みやすい」、「多読をとおして英語が少し好きになった」、「英語をみるのが嫌いじゃなくなった」という感想があり、英語の本に対するハードルをまず一歩越えることができたのではと思

3章　学校図書館から………117

います。

その後も，図書館に来て多読を継続する生徒の中には，英語が苦手だったけれど試験で長文を読めるようになった生徒もいて，口コミで図書館に多読図書を借りに来る生徒もいました。

2016年度・2017年度は，夏期講習，特別授業期間や図書館で授業をして多読の時間を設定する教員への支援や，季節の展示に活用し，ハロウィンにALTの先生とミニイベントを開くなどの活動をしました。また，外部に学校図書館の情報を発信する際には，多読図書があることを紹介してきました。

2018年度には，また3年生の総合的な学習の時間で「英語の本をたくさん読もう」という授業が開講され，担当教員と連携しながら取り組んでいます。

多読図書は毎年少しずつ購入して，現在は約800冊の蔵書数になりましたが，それでも本が少なかったため，市立図書館や都立多摩図書館から洋書絵本を借りるなど工夫する必要がありました。公立学校は教員の異動などで継続的に多読をすすめることは難しい環境ですが，学校図書館に多読図書を置く第一のメリットは，一般の図書と同じように身近に英語のやさしい本があることだと思います。これからも，楽しい英語多読の読書の世界を紹介しながら，多読支援を続けていきたいと思います。

次の項では，多読の授業を受けた生徒からの声を紹介します。

（米澤久美子）

(2)　生徒の声

　あなたは，学校にある英語の多読の本「オックスフォード
リーディングツリー」（ORT）を知っていますか？　この本は
英語の勉強がサクサクすすむ本です。「英語の本をいっぱい
読むなんて無理」なんて思う人も安心です。なぜなら英語で
書かれた絵本だからです。もしあなたが「葡萄」という単語
を見たとしましょう。読みかたがわからなければ，何これ？
で終わってしまいますよね。しかし，この単語の横に紫色の
丸いつぶつぶがいっぱいついた，甘い秋の味覚の絵が描かれ
ていれば，これは「ぶどう」と読むのか，とわかりますよね。
これと同じように，"grape"という英単語の横にぶどうの絵が
描かれていれば，その英単語の意味がおのずとわかってきま
す。そういうように，単語と絵を見比べて勉強できる ORT
は英語の苦手な人にはうってつけの本です。しかも中身は英
語圏に住む子ども向けにつくっていますので，「勉強教材で
す」という主張もなし，中身の物語も可愛らしいものばかり
です。

　私が ORT を読んだときは，1日10冊を目安にしていたの
ですが，一番最初は単語，次は単文，その次はまとまりのあ
る文章と，段々を踏んで読め，気がついたら1日に50冊を超
えている日もありました。その甲斐あってか，ORT を読んで
から英語の模試で，物語文の点数が格段に上がりました。
ORT を読んで後悔はないと思います。ディズニーの多読本
もありますので，気になる方はぜひ図書館へどうぞ！　英語
をもっと好きになりましょう！

（東京都立府中東高等学校2年）

4章 高専・大学図書館から

　高専（高等専門学校），大学附属図書館では，早期から多読用図書を導入し，いずれも英語教育を担当する教員と附属図書館が連携して，学生の英語学習を支援しています。小規模校で少人数教育が特長の高専では，前著で取り上げた豊田工業高等専門学校以外にも，沼津工業高等専門学校，有明工業高等専門学校の両高専が図書館で多読授業を行っています。

　大学においても，多読用図書を附属図書館に配備するだけでは，なかなか利用されません。多読用図書の存在を学生に伝え，図書館が英語教員と連携し，学生に多読用図書を活用してもらう工夫が大切になります。

（西澤　一）

4.1 豊田工業高等専門学校

豊田工業高等専門学校（豊田高専）では，同校学生の多読授業支援に加え，地域の生涯学習を支援すべく，豊田市中央図書館と連携して図書館利用者の交流会を 13 年続けています。近年は，多読用図書情報や多読体験の共有の場から，英語によるブックトークを活動に加える等，利用者交流会の発展の一例を示す会として参考になります。

豊田高専図書館は創立当初から地域に公開されていましたが，市街中心から離れた不便な立地と工学系図書中心の蔵書構成から，学外の一般市民にはほとんど利用されていませんでした。しかしその状況は，2003年度に多読授業受講学生の課外の読書を推奨するため多読用図書を図書館に導入し，2004年度に電気・電子システム工学科が図書館で多読授業をはじめるために多読用図書を増強し，2005年度に市民向け公開講座で英語多読を紹介してから変わってきました。

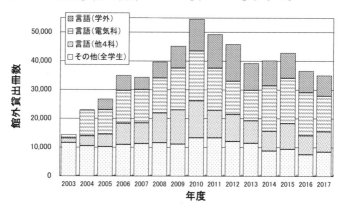

豊田高専図書館の年間館外貸出冊数の推移

　2005年度には，多読用図書を利用するために，学外利用者による館外貸出が顕著に増加したのです（上図）。教育改革プロジェクトにより，3万冊を超える多読用図書が整備された2010～2012年度には，学外利用者による館外貸出数が一時的に年間1万冊を超え，多読用図書以外の学生貸出数よりも多くなりました。2013年度以降は減少しましたが，現在（2017年度）も学外利用者による館外貸出数は年間7千冊程度で推

移しています。

豊田高専図書館の多読支援は，初心者からベテラン利用者までを幅広く支援すべく 3 段階の構成となっています。

第一段階は，多読を知らない初心者のための体験会で，毎年 4 月と 10 月の 2 回，土曜開館日に行っています。多読の考え方と図書館の効果的な利用法を紹介する 45 分の解説と，参加者が実際に ORT を読んでみる多読体験の組み合わせです。毎回 20 人前後の参加者がありますが，会場に来て初めて，高専図書館が学外に公開されていることを知る人も珍しくありません。近隣市町村の方は多くが，その場で図書館の利用申請し，多読用図書を借りられます。

多読支援の第二段階は，高専学生と一緒に多読授業に参加し，継続的に教員に本選びの指導を受けながら多読に入門する多読公開授業（有料）です。週日の昼間に行われる電気・電子システム工学科の多読授業を毎週受講するもので，春期，秋期各 8〜12 回受講すれば，館外貸出分も含めて最初の 10 万語程度を読むことができます。平日勤務の方は参加できませんが，シニアを中心に人気があります。近隣の方々には，「高校生の世代なのに制服を着ない高専生を，これまで見かけだけで判断していたが，一緒に多読授業を受講してみると，みな静かに英文図書を読んでおり，見直した」との感想を述べられる方も多く，誤解されやすい高専の広報にも役立っているようです。2017 年度秋季からは，多読公開授業が高専職員の（英語力向上のための）研修にも採用されています。

第三段階が，高専図書館もしくは豊田市中央図書館の多読用図書を利用して自律的な多読を行っている，利用者相互の交流の場である「豊田多読クラブ」月例会です。月例会は，

初級者から多読のベテランまで，また年齢層も幅広い老若男女が月に1回一堂に集い，多読体験と図書情報を相互に交換する場です。豊田高専図書館の土曜開館日に行うのが基本ですが，土曜開館日のない長期休暇中（8，9，3月）は，多読活動で連携している豊田市中央図書館の会議室を借りて実施しています。

「豊田多読クラブ」は，向学心旺盛な学外利用者が高専学生のロールモデルにもなると考え，学生，教職員を含めた全利用者の交流を意図した場として2006年度に設立されたのですが，実際には，学生，教職員の参加は少なく，参加者の大半を地域の社会人が占めています。ただし，多読クラブは図書館の地域貢献のみに役立っているわけではありません。特に月例会で紹介される読書体験や図書情報は，図書館が把握していなかった人気本（売れ筋）の情報や，未所蔵の有望図書の情報を含むことも多く，多読に適した図書体系を整える上で大切な情報源になっています。

90分間の図書情報，多読体験の交換を行う月例会は，2007年1月に開始し，その後11年間で延べ90回実施しています。2017年の参加者平均は11人で，10〜80代の幅広い年齢層に広がっていました。設立当初は女性が過半数を占めていましたが，近年は男性の参加者が増えており，男性の比率が過半数を超えることも珍しくありません。参加者の多読経験，英語力もマチマチで，多種多彩な参加者がそれぞれ楽しめているところがよいところだと感じています。

月例会は図書館の開館日に行われるので，終了後に参加者の足は自然に図書館の多読用書架にむかいます。月例会で紹介した本をお互いに教えあい，その場で読んでみる，もしく

4章　高専・大学図書館から………123

は，さっそく借り出すという姿も珍しくありません。普段は利用者も少なく静かな土曜開館日も，月例会のある日は大賑わいです。

さらに，2015年秋からはベテラン参加者の継続動機づけのために，最近読んだ本の内容を相互に英語で語り合う60分のEnglish Sessionを活動に追加しました。読書からはじまった活動が，言語活動全般に広がりはじめており，日常生活で英語を使う環境にない日本人が，無理なく英語を使った幅広い言語活動に踏み出すことが可能であることを示す一つの事例になっています。また，English Sessionで行っている英語のブックトークと質疑応答は，高専専攻科（大学の学部生3，4年と同年）の多読授業にも採用されました。本科1年次（高校1年と同年）から多読授業を受けている本校専攻科生は，多読授業経験も6，7年目で，ほぼ全員が100万語以上の読書経験を持っているためか，授業時間外に読んできた英文図書の紹介を即興で行うブックトークにも，すんなり入ることができることを確認できました。少人数授業であることもあり，毎週必ず順番が回ってきます。3〜5分間のブックトークで紹介する必要があるため，授業時間内に読書時間を設けなくても，（時間外の）多読を継続しています。

多読クラブでは，外部講師を招き，豊田高専学生や，クラブ員以外との交流を目的とする多読セミナー（不定期）も実施してきました。2017年8月に実施した第2回セミナーでは，多読を通した学生間交流を行ってきたホーチミン情報技術大学（UIT）のHo講師と高専教員による共同講演「Students' Exchange of Extensive Reading Programs in Japan and Vietnam」に引き続き，アジアからの留学生を含む高専学生と，市内高

校の卒業生による5件のプレゼンを聞いたあと,多読クラブの会員を含めて計42人の参加者(老若男女)が7班に分かれて,相互に3分間の英語によるブックトークを行い,延べ4時間の英語体験を楽しみました。世代やバックグラウンドの違う方々が集まったセミナーは大変盛り上がり,参加した学生からも,ぜひまた参加したいという感想を得ています。このイベントは,高専図書館が主として社会人利用者を対象に行ってきた多読支援が,学生の学習動機づけにも役立つ可能性を示しています。

(西澤　一)

多読セミナーにおけるブックトーク

4.2 沼津工業高等専門学校

次の事例は静岡県の沼津高専です。2017年度まで同校の英語多読を主導されてきた藤井数馬先生は,多読授業を図書館で行うことで,

学生の指導と学外利用者向けの地域貢献活動を関連づけています。また，英語での「ミニビブリオバトル」を多読授業内の活動に組み込み，そこで人気を得た「チャンプ本」を展示する等の工夫も取り入れています。

　沼津工業高等専門学校の図書館には，約4,500冊の英語多読図書が所蔵されていて，英語の授業や自学自習用に利用されています。公開講座の影響もあり，近年は学外の利用者も増え，年間1,000〜2,000冊程度の英語多読図書が学外の方に借りられています。

　沼津高専は教育機関であるため，学生に対する教育を最重視することになります。ただ，英語多読授業と関連づけることで，学外利用者にとっても多読図書の利便性が高まるような取り組みも行っています。以下に4点ご紹介したいと思います。

　1点目は，英語多読図書の貸出ランキングの作成と掲示です。英語多読図書の中で利用者から何が人気なのかを知ることは，英語多読の継続や動機づけにつながることだと思います。

　2点目は，クリスマスやハロウィン等の季節にはそれらをテーマにした多読図書を集めて特集することです。

　3点目は，授業で取り組んでいる英語ミニビブリオバトルで，最も読みたい本である「チャンプ本」に選ばれた本を1か所に集めて，「チャンプ本コーナー」をつくって展示をしていることです。このように，数ある多読図書の中から，貸出ランキング上位の本，季節の本，チャンプ本といった本がその時々で引き立つように展示をし，多読コーナーにアクセン

126

トをつけています。

　そして4点目として，本校の図書館に所蔵されている多読図書を，シリーズや総語数やYLやキーワードから検索できる「沼津高専多読図書検索システム」[1]を開設し，次に読みたい本を見つけやすくしています。このサイトでは，貸出ランキングやチャンプ本のデータにアクセスできるようにもしています。

　これらの取り組みは，沼津高専図書係の職員と技術職員のご協力を得て実現していることです。この場をお借りして心よりお礼を申し上げます。

（藤井数馬：長岡技術科学大学基盤共通教育部）

4.3 有明工業高等専門学校

3つ目の事例は福岡県の有明高専です。有明高専では多読授業も図書館で行われています。英文レベルの表示だけでなく，可動式の書架を採用する等，図書館での多読授業を充実させるために数々の工夫をしています。

　有明高専では，低学年を中心に図書館での多読指導を行っています。これまでの経験から，図書館多読の工夫点やメリットについて紹介させていただきます。

(1)　図書館多読の工夫点

　はじめて多読を経験する学生がすぐに本を選べるように，いくつか工夫していることがあります。例えば，本のレベル

は出版社によりレベルが異なるので，総語数を基準にして難易度を設定し，レベル別にカラーを設定しています。

英文レベルの表示

可動式の本棚

教師側がぜひ手にとってもらいたいと思うような本ややさしいレベルの本は、できるだけ学生の目の止まりやすい上段に配架されています。また、小さな図書館で約40人の学生が一斉に授業を受けているので、混雑を避けるため可動式の本棚を活用しています。本の紹介文を学生に書いてもらい、コピーした絵本の表紙と並べて掲示しています。このような工夫を凝らしながら、学生が自発的に読むという活動を支援しています。感想を見ると、それぞれの学生がこれまでに学んだ英語の文法や単語の知識を活用しながら、内容理解しているのがわかります。

本の紹介文の掲示

(2)　図書館での多読指導を行うメリット

　1学年では週に1コマ（90分）多読の時間が設けられています。授業が週に一度行われるようになってから、来館者数や多読用図書の貸出冊数だけでなく、DVDや日本語の図書の貸

出も増えています。学生が図書館へ足を運ぶ機会が増えて，自然と図書館の機能を学習することにもつながっています。例えば，グループワークができる場所がある，そこでは白板やパワーポイントが使用できる，DVD鑑賞ルームがあることなどを学習しています。学生が授業以外の時間に，また図書館へ訪れたいという気持ちになっている証しだと思います。

（阿嘉奈月：沖縄国際大学総合文化学部）

4.4 北海道大学

学生の英語学習支援のために GR は導入したものの，多読入門に不可欠な入門用絵本シリーズの追加には躊躇する大学図書館が多い中，北海道大学附属図書館では，多読授業を担当する英語の先生が主導して ORT を所蔵し，活用しています。授業時間外の多読を応援する英語多読マラソンにも注目ください。

(1) 英語多読教材コーナー

英語多読授業の開講を目指して購入した数百冊の英語多読図書を，配架していただけないかと，英語教員 2 人が附属図書館に依頼したことが，2005 年秋に「英語多読教材コーナー」が開設されたきっかけでした。2018 年 3 月現在，同コーナーは 3 か所にあり，札幌キャンパスの北図書館に約 6 千冊，本館に約 1 千冊，函館キャンパスの水産学部図書室に約 1 千冊を所蔵しています。図書の表紙には「読みやすさレベル」（YL）と「総語数」を表示し，所蔵シリーズの一覧を利用者に配布しています。

英語多読教材の予算は特に確保されていないので，図書館と教員がそれぞれあらゆる機会を活用して，地道に教材の充実に努めています。例えば，水産学部分のうち 700 冊弱は，2017 年度に獲得したグローバル化のための予算 80 万円で購入し，うち 9 割以上を朗読 CD 付きのものにしました。これまで，授業以外での自発的な CD の利用者は少ない様子ですが，音声は言語学習に不可欠な要素ですので，教育的見地から朗読音声付きの図書を多数入手し，活用を促すことが望ましいと考えています。

SSS（Start with Simple Stories）式英語多読では，辞書を使わずに理解できる本からはじめることが重要ですので，学部 1, 2 年生を主な利用者としている北図書館には，英語圏の小学校低学年用の，例えば Oxford Reading Tree という，挿絵が豊富で文字がほとんどないレベルからはじまっているシリーズも含めて所蔵しています。英語に強い苦手意識を持っている学生にも無理なく読める本が見つかりますし，英語が得意な学生にとっても英語圏の自然な表現を学ぶことができるという利点があり，読みはじめると内容的にも気に入る学生が多いシリーズです。

多読開始時は物語の方が読みやすい学生が多いようで，Curious George やディズニー等のシリーズが特に好評です。初心者の多読が軌道に乗るまで十分な冊数が読めるように，YL 1 未満の本を揃えておくことが重要です。

また，最新の動向としてインターネットで閲覧できる電子ブックを増やしているところですが，小型機器では読みにくい PDF などの形式もあり，出版社による今後の改良が期待されます。

4 章　高専・大学図書館から………131

図書の購入には一般書店のほかに，多読図書をセット売りしているネットショップなども利用しています。

(2) 英語多読マラソン

　北大附属図書館では 2013 年 7 月から，授業外の学習を支援する「英語多読マラソン」を実施しています。この企画のために開発したウェブシステム「エクリー」に希望者が「ランナー」として登録し，多読図書を読んで読書記録を入力すると，累積読了語数が計算され，10 万語などの節目ごとに達成証をもらうことができます。エクリーでは常時週間・月間・年間ランキングをランナーズネームで表示し，各月上位 10 位までをポスターやウェブサイト[2)]で発表しているので，「ランキングに載りたいから頑張る」という声が多数聞かれます。

北海道大学附属図書館ウェブサイト　英語多読マラソン

　北図書館では，テーマを変えながらおすすめ図書のミニ展示をしていて，展示図書はよく借りられています。また，1 学期の前半に初心者向けのスタートアップガイダンスを行っ

ており（時には2学期にも），多読のやりかたの説明だけでなく先輩ランナーに体験談を話してもらったりしています。

英語多読マラソンの広報としては館内のチラシ，附属図書館のウェブサイト，SNS，メルマガ等を利用しています。

（高見敏子，北海道大学附属図書館英語多読マラソン担当）

4.5 鶴見大学

神奈川県の鶴見大学では，文学部が授業内外の英語多読を推奨すべく図書館の多読用図書を充実させただけでなく，自律的な読書と相互交流活動に利用できる学習支援スペースを図書館内に設け，読書コミュニティを創り出しているところに注目ください。

鶴見大学文学部では学部生に対して授業内外での英語多読を推奨しており，図書館では5,000冊強の多読読本を所蔵し，その蔵書数は年々増加しています。また，自宅PCやスマートフォンからアクセスできる電子化された図書X-reading，書籍データベースの導入，図書館所蔵全読本の語数やレベルを含めたOPACの書誌情報は，学内外どこからでも読書記録を更新できる環境を利用者に提供しています。これらの図書資源とサービスは学内外での自律的な多読を継続するために不可欠なものです。

施設面で重要な機能を担っているのは「学修支援スペース」です。このスペースは各レベルの読本を配置する書架に隣接しているため，英語多読授業でさまざまな多読シリーズやタイトルを紹介し，各学習者に合った多読のすすめかたを丁寧

4章　高専・大学図書館から………133

に指南することを可能にします。学修支援スペースには相互交流型活動に適した可動式の座席が配置され，各自のペースで自由に読書する sustained silent reading だけでなく，book talk や world café をはじめとする学習者がグループで取り組む多様なアクティブラーニング型読書活動を授業内で展開することができ，読書コミュニティの創出に役立っています。

学修支援スペース

さらに読書への興味を促進する課外活動として，図書館と文学部共催で学生および一般来館者を対象に，学内外の英語・図書教育専攻教員や研究者，出版社編集者，新聞記者，書店員らによる，読書・英語多読の講演やワークショップを年に数回実施しています。本の内容や感想を視覚的に表現する POP 創作も推奨しており，例年，学外の洋書 POP コンテストの入賞を果たしています。2017 年度の学内洋書 POP コンテストでは 100 人以上の学生が参加しており，2018 年度は

和書部門も加えて，コンテストを拡大開催し，洋書部門 150
人，和書部門 85 人が参加しました。

　このような教育活動の成果は貸出冊数に反映されています。
英語読本の貸出数は 2014 年度と比較し，2015 年度は 1.2 倍，
2016 年度は 3 倍，2017 年度には 2 倍へと増加しました。
2017 年度貸出数の減少は，電子本利用や図書館内読書の推奨，
学生の英語力向上に伴ってより語数の多い本が読めるように
なり，貸出冊数が減ったためと推測されます。和洋書を合わ
せた 2017 年度の貸出冊数は 2014 年度の数の 1.1 倍となり，
英語多読の導入は図書館利用の活性化に寄与しているといえ
ましょう。

　鶴見大学では，このように自律的読書と相互交流型の読書
活動を組み合わせることで，インプットとアウトプットをバ
ランスよく配慮した英語多読支援体制を整えています。日々，
図書館員と教員が密に連携をとり合いながら，多読教育の質
向上を図るとともに，読書の楽しみを利用者に伝えることを
目指しております。

（草薙優加：鶴見大学文学部英語英米文学科）

4.6 神戸学院大学

兵庫県の神戸学院大学では，2 つの図書館が展開する「図書館留学」
で学生が在学する 4 年間に 100 万語を読破することを支援しており，
多読を進めた学生が，リスニングやスピーキング力をセルフチェッ
クできるイベントを開催する等，独特の仕組みを設けています。

神戸学院大学は，2つのキャンパスを擁する総合大学で，両キャンパスに図書館を備え，110万冊を超える資料を所蔵しています。2011年から学修支援の一環として，「図書館留学」と題し，多聴多読に取り組んでいます。参加者は，①図書館にある多聴多読資料を借りる，②聞くあるいは読む，③「てくてく Note」に読んだ本を記録する，④返却時に図書館で Note にスタンプをもらう，というシンプルステップで，4年間で100万語を目標に"てくてく"進めていきます。

有瀬館図書館留学コーナー

　初心者から経験者まで，幅広い要望に応えられるよう，図書館では多聴多読用リーダースだけでなく，絵本や児童文学，マンガ，E-Book など，合わせて 8,000 冊を超える資料を豊富に取り揃えています。たくさんありすぎてどれを読んだらよいかわからないといった人のために，資料を総語数で6段階

のレベルに分けて配置し，さらに，季節ごとの展示や，スタッフ・先生のおすすめ本を紹介して，英語学習をサポートしています。

Reading Square

　多読をはじめると，どれくらい英語の実力がついたか知りたくなるものです。そこで，映画を英語字幕で見ながら生きた英語を学ぶ「シネマで週一English」，イギリスからの交換留学生と自由に語らう「英語でTALK」，毎回指定される課題の多読資料を1冊読んで，英語で読書会を行う「Reading Square」といったイベントを用意し，スピーキングやリスニングの実力をセルフチェックできるようにすることで，楽しく，無理なく，多聴多読を推進しています。

（北亦太陽子：神戸学院大学有瀬図書館）

4.7 静岡県立大学

静岡県立大学でも，2つのキャンパスにある2つの図書館に，それぞれ多読用図書を導入し，授業と連携することで利用を伸ばしています。大学においても，多読授業と図書館利用がうまく連携できたとき，図書の利用度が一気に高まることがわかります。

静岡県立大学の2つのキャンパスには，それぞれ草薙図書館と小鹿図書館があり，両館とも多読用図書を配架しています。

草薙図書館の多読用図書

草薙図書館では2016年12月に英語多読図書コーナーを設置し，現在の蔵書数は627冊です。この図書館の特徴，および取り組みとして，掲示や配布物による多読情報提供，英語の絵本の企画展示，英文多読講座の開催，英語絵本の配架，

洋書 POP 展示，授業との連携，電子書籍の提供などがあります。また Oxford Bookworms や Macmillan Readers（Level 2 以下）の所蔵が充実しています。英語多読図書を含む洋書の貸出数は，2015 年度 692 冊，2016 年度 589 冊だったのに対し，2017 年 4 月〜2018 年 2 月末では 1,161 冊と，前年度の約 2 倍程度に増えています。

　一方，小鹿図書館は多読用図書の蔵書数は 912 冊です。この図書館の特徴，および取り組みとしては，掲示や配布物による多読情報提供，多読用図書リストの配布，洋書 POP 展示，授業との連携，電子書籍の提供などあります。また Ladder Series, Penguin Readers, Oxford Book worms, Cambridge English Readers, Macmillan Readers（Level 3 以上）の所蔵が充実しています。英語多読図書を含む洋書の貸出数は，2016 年度の 70 冊に対し，2017 年 4 月〜2018 年 2 月末では 460 冊と，前年度の約 7 倍程度に劇的に貸出数が増加しています。

　ところで「授業との連携」は非常に効果的です。両館の全面的な協力のもと，各学期でたった一つの授業で

小鹿図書館の多読用図書

多読を部分的に導入したところ，大幅に貸出数が増加しました。授業では洋書 POP を作成し展示に利用したり，おすすめの本について英語で発表するなど，読む動機づけの工夫も行われています。読書は個人的な経験ですが，他者と共有することで，つながりが生まれ，読書コミュニティが形成されていきます。

（後藤隆昭：静岡県立大学）

注

1)　沼津高専多読図書検索システム
　http://tadoku.numazu-ct.ac.jp/index.php（参照 2018-12-15）
2)　北海道大学附属図書館ホームページ　英語多読マラソン
　https://www.lib.hokudai.ac.jp/learning_and_teaching/learning_support/nitobe/tadoku_marathon/（参照 2018-12-15）

第 III 部

多言語多読と図書館

　第Ⅰ部と第Ⅱ部では，国内の英語多読と図書館について語ってきました。しかし，多読は英語だけではなく，他の言語を身につけるときにも役に立つ方法でもあるはずです。
　日本だけでなく，世界のどの図書館にもさまざまな言語のやさしい図書が置かれ，その言語を身につける入り口が用意されていたらどんなに素敵でしょう。
　ここでは，英語以外の言語として，日本語に焦点をあてた図書館多読実践報告を集めました。また，最後に「NPO多言語多読」の活動として5年目になる韓国語多読についても触れて，英語以外の言語の多読の現状も報告します。

1章 多言語多読と図書館

1.1 日本語多読の広がり

　英語多読が提唱されてまもなく，「NPO多言語多読」の前身である「日本語多読研究会」が発足し，多読用図書の出版，多読授業実践や普及を行ってきました。その経緯については，『図書館多読への招待』（JLA図書館実践シリーズ25，日本図書館協会，2014，p.167-175）ですでに詳しく述べました。活動は，現在17年目を迎え，執筆・監修した多読用図書は，「レベル別日本語多読ライブラリー　にほんご　よむよむ文庫」（アスク出版）と2016年に刊行がはじまった「にほんご多読ブックス」（大修館書店）を合わせて，23冊（123作品収録）となっています。そのほか，自費出版なども含めると約140の多読用図書をつくってきたことになります。

　最近，非漢字圏からの留学生，在住外国人が増えたことから，国内の日本語教育界でも日本語多読の重要性が少しずつですが認識されるようになってきました。漢字，ひらがな，カタカナと複雑な表記体系を持つ日本語には多読が有効だからです。海外でも同様で，特にアメリカでは，日本語多読を取り入れる大学が増えてきました。さらに，やさしいレベルの多読用図書が十分でないという認識から，いくつかの教育

142

NPO多言語多読が執筆・監修した「レベル別日本語多読ライブラリー」（アスク出版）や新シリーズ「にほんご多読ブックス」（大修館書店））

機関で多読用図書を自作する動きも出てきています。

　しかし，それでも本の量は追いつきません。多読のためには，学習者向けの多読用図書だけでなく，早い段階から子ども向けの本など「生」の本に触れることも大切です。大量の本の準備や管理が必須となる多読活動は，図書館の協力なしには難しいのです。このニーズに少しでも多くの図書館が応えて，日本語学習者や外国人居住者の日本語学習環境が整っていくことを心から願わずにはいられません。

（粟野真紀子）

1.2 米国ノートルダム大学での図書館日本語多読

ノートルダム大学の纐纈（はなぶさ）憲子さんは，司書の全惠珍（ジュン・ヘジン）さんと協働し，この5年間，図書館での日本語多読授業をとても順調に続けてこられました。いまや，アメリカでの多読普及の中心的人物でもあります。学期末に行われる実に個性豊かな学生のプロジェクト発表は，学生一人一人が多読を自由に楽しんだことを物語っており，それらのプロジェクト作品は図書館の財産ともなっています。日本語多読は，他の言語にも影響を与え，いまでは，中国語，韓国語，フランス語，アイルランド語の多読がはじまっているそうです。以下，纐纈さんとジュンさんの報告です。

（1） 日本語多読授業の経緯と概要

　米国ノートルダム大学では，2013年から日本語教員と図書館司書が協力し，二人三脚で日本語多読実践を行ってきました。多読実践には，まず大量の日本語図書を揃えなければなりませんが，これを海外機関に勤める教員が単独で行うことは，決してやさしくありません。一方，図書館側も，従来の研究中心志向から，利用者へのサービスや授業へのサポートへの方針転換を打ち出していたところでした。つまり，多読は双方にとってプラスになるプロジェクトだったのです。

　ノートルダム大学は，米国中西部，シカゴから車で1時間半の場所に位置する私立総合大学です。約12,000人の学部生・大学院生が在籍し，学内はビジネス，工学，科学等5つの学部に分かれています。人文・社会科学の分野を包括するArts and Letters の学部には，現在全部で14の外国語プログラ

ムがあり，日本語は中国語・韓国語とともに東アジア言語・文化学科に所属しています。

このような機関で日本語教育に携わる纐纈が多読に興味を持った理由は，異なる学習者たちへの対応に苦慮していたからです。米国では近年，日本語学習者の母語や背景，興味や学習目的等の多様化がすすんでいて，従来の一斉授業によって全員が満足することが難しくなってきているのです。そのようなときに，南カリフォルニア大学（『図書館多読への招待』p.158-165参照）や「NPO多言語多読」を通じて日本語多読について知り，一人一人が好きな本を楽しく読んでいくという多読の考えかたに共鳴しました。そして，多読なら学習者の個性や好みを生かせるのではないかと思いました。折よくこの時期（2012年春），東アジア学専任司書のポジションが新設され，ジュンが着任しました。そこで，着任直後のジュンに纐纈が多読の話を持ちかけ，実現に向けて2人で動き出したのです。

東アジア学専門であるジュンは，日・中・韓3言語に関する分野すべてを担当しています。本学にはヘスバーグ図書館（本館）と8つの分館がありますが，東アジア学専門図書館はなく，日本語書籍は本館に収蔵されています。

筆者たちが日本語多読教材の購入をはじめたのは，2013年夏でした。同年秋学期にレベル別読み物と絵本などの市販本が30冊ほど揃ったので，2014年春までの1年間，図書館ラウンジで隔週多読クラブを実施してみました。正直「一人で本を読む」ことに対して，学習者たちからどのような反応があるのかまったく見当もつきませんでした。しかし，いざ蓋を開けてみると，毎回予想をはるかに越える参加者が集まっ

1章　多言語多読と図書館………145

たのです。イスがないときは，床に座り込んで読む学習者もいるほどでした。そこでアンケート調査をしたところ，正規授業を望む声が85％に達しました。その結果を受け，2014年秋学期に新規コースとして立ち上げることができたのです。

以来，日本語多読授業は1〜2単位の選択科目として，図書館内の教室で毎学期開講されています。図書の多くは，図書館ラウンジの日本語多読専用棚に置かれていて，教員が必要な本を同じ階の教室までカートで運んでいます。授業前に棚に行き，自分で好きなマンガや小説を選んで教室に持って来る上級学習者も何人もいます。中には，別の階に保管されている三島由紀夫や夏目漱石の文学全集を手にしたり，図書館相互貸出でお気に入りの作家の本を取り寄せたりするケースも出てきています。

(2)　図書館司書から見た日本語多読

近年，図書館利用者のニーズは年々変化してきています。彼らの研究・教育・学習をサポートするために，司書は，さまざまな場面に柔軟に対応し，新しい視点を取り入れていかなければなりません。利用者同士の協働を奨励し，図書館のさまざまな部署と連携することも重要になってきています。

ジュンにとって，日本語多読は，このような新たな司書の役割を捉え直し，実行するためのまたとない機会となりました。当初，纐纈から話を聞いた時点では，図書を購入する以外に，特に必要なことは何もなさそうに見えました。しかし，実際に活動がはじまってみると，学習者や教員にさまざまなニーズがあることに気づかされたのです。

まず，多読活動をスムーズに行うためには，多読図書が1

か所にまとめて置かれていることが重要です。授業のときに，教員が図書を教室に運ばなければならないからです。通常，米国の大学図書館では，「米国議会図書館分類表」のトピックに基づいて蔵書が管理されていて，特定図書だけを別の個所に保管することは問題となりかねません。特に，前述したようにノートルダム大学図書館には東アジア専門図書館がなく，ヘスバーグ図書館には日本語が理解できる配架担当者は皆無という事情がありました。しかし，ありがたいことに，筆者たちの特別な要望に担当者たちは真摯に耳を傾けてくれ，たいへん協力的でした。1 年以上の試行錯誤の末，1 階学習ラウンジに日本語多読書棚をつくってもらうことができました。

　ここに保管される本には，他の蔵書とは違う特別の色のテープを貼り，図書館職員誰もが判別できるようにしました。さらに，纐纈は「NPO 多言語多読」の基準に沿って，多読図書をレベル 0 から 5 にレベル分けして並べたいという希望を出しました。学習者が自分で読む本を選びやすくするためです。現在，多読用図書は購入時に纐纈がレベル分けをし，異なる色の星形シールを貼って，レベルごとに書架に並べています。すべての本にはすでに図書整理番号がつけられているため，各レベル内で，纐纈が定期的に番号順に並べ替えています。今では，多読棚に約 800 タイトルの本が保管されるまでになりました。

　また，当初授業を行う教室探しも大きな課題でした。ラウンジに保管されている本に，なるべくアクセスしやすい場所を確保する必要があったからです。幸い，図書館 1 階の Center for Digital Scholarship の教室を使わせてもらうことができました。この部署は 2013 年に新設されたもので，最新テクノロ

1 章　多言語多読と図書館………147

ジーを使ったサポートや，ワークショップの開催，スペース提供などを行っています。

このように，ノートルダム大学では，図書館内のさまざまな部署の理解があり，その都度過去になかったアイデアで対処してきたからこそ，日本語多読授業が実現できているのです。司書であるジュンの大切な任務は，リエゾン（連絡係）として，各部署をつないでコミュニケーションをとることだと痛感しています。

(3) 学期末プロジェクト

多読授業の主活動が教室内個人読書であることはいうまでもありません。しかし，纐纈は，普段の授業が個人活動中心なので，クラスメートと成果を共有する機会もつくりたいと考えました。そこで，学期末に口頭プロジェクト発表をしてもらうことにしました。

多読授業では，学習者が好きなものを選んで読むことが特徴です。ですから，プロジェクトでも，フォーマットやトピックの指定はせず，好きなものを自由に発表できるようにしています。また，プレッシャーをあまり感じないように，複数ブースを同時進行させる形式をとり，発表者と参加者の交流も目指しました。

その結果，手描きのイラストやマンガを入れた自作絵本のほか，ゲームや音楽を使ったブックトークなど，筆者たちが想定しなかったユニークな作品がつくられています。中には，「桃太郎」のロールプレイゲームや3Dプリンターによる漢字パズル，読書がテーマのストップモーションビデオなど，テクノロジーを駆使したものもあります。自分の主専攻の知識

や技術をプロジェクトに反映させる学習者もいて、彼らのアイデアは尽きることがありません。

多読を楽しんだ学生たちは学期末にユニークな作品を発表する

1学期目のプロジェクト発表を見た筆者たちは、大学でこれらの作品を保存・オンライン展示することを思い立ちました。ジュンは発表後、著作権関連の必要書類に学習者からサインを集めます。その後、図書館の担当部署と協力して、作品をデジタル化し、サイト上で公開しています[1]。オンライン展示を通じて、他の日本語学習者や教員と作品を共有することができるようになりました。

多読活動が多彩な作品づくりにつながっていることは、筆

者たちにとっていまだに大きな驚きです。学習者たちの多くは，単位や成績に関係なく，自分が好きだから，楽しいからという理由で作品を生み出しているのです。これは，個人活動に基づく多読が，自律学習・生涯学習を促すことの証明といえるのではないでしょうか。

(4) 今後の課題

米国では，東アジア研究が盛んで，専門図書館を置く大学や，日本語だけの専門司書がいる大学がいくつもあります。そのようなところと比べると，ノートルダム大学で日本語多読を実現するのは容易なことではありませんでした。しかし，いざはじまってみると，むしろ他分野と一緒であることによる波及効果が生まれてきました。特にさまざまな人が利用する主図書館内の，しかも一番人の目に触れる1階ラウンジに日本語多読の専門書架をつくることができたことは，大きな意味を持っています。

米国では，残念ながら英語以外の外国語教育で，多読はまだあまり知られていません。よって，他言語への普及が大きな課題です。本学では，2015年11月にCenter for the Study of Languages and Culturesの主催で，多読シンポジウム（Extensive Reading: Empowering Autonomous Learners）を行いました。学外から英語とスペイン語多読の専門家を招いて，さまざまな外国語教員や図書館職員が参加しました。以来，日本語にならって中国語・韓国語でも多読図書を揃えはじめ，不定期で授業が開講されるようになりました。また，フランス語，アイルランド語も不定期で多読クラブを開催しており，来学期にはスペイン語も加わる予定です。

150

米国大学にある数多くの外国語の中で，日本語が他言語を牽引することは必ずしも多くありません。しかし，ノートルダム大学では，日本語が先駆者となり，多言語多読をリードしています。今後とも，生涯学習につながる多言語多読が，多くの外国語プログラムに広まっていくことを祈っています。
（纐纈（はなぶさ）憲子：ノートルダム大学日本語プログラムコーディネーター，全惠珍（ジュン・ヘジン）：ノートルダム大学東アジア学専任司書）

1.3 国際交流基金関西国際センターにおける日本語多読の実践－司書と教師の協働から

国際交流基金関西国際センターは，「NPO 多言語多読」作成の多読用図書を初期の頃から，よく利用していました。その後，司書の畠中朋子さんと日本語教師の東健太郎さんが協力して定期的に多読セッションをはじめ，ついにはオリジナルの多読用図書の製作もはじまりました。ネット上に公開された読み物「KC よむよむ」は大変好評です。

（1）　はじめに

　国際交流基金関西国際センター（以下，KC）は，独立行政法人国際交流基金の日本語研修施設として 1997 年に設立されました。KC では海外の日本語学習者，日本語教師，文化・学術専門家，外交官・公務員などを招聘しての日本語研修が行われ，図書館は研修参加者の日本語学習・研修活動をサポートするための参考書や，日本を紹介する資料を多言語で収集

1章　多言語多読と図書館………151

し提供を行っています。

(2)　多読実施までの経緯

　図書館で日本語学習者である利用者からよく聞かれるもの
が,「読み物がほしい」との要望でした。日本語の教科書で学
習のために読む文章ではない，しかし日本語を読む練習にな
るやさしい読み物がほしいとの要望です。読解を助ける図書
というと，図書館には日本語と外国語の対訳資料が数多くあ
りましたが，それらのほとんどは日本人の外国語学習者向け
に書かれたもので，日本語は語彙文法ともに難しく，漢字に
ふりがなもありません。また，やさしい文章というと児童書
が連想されもしますが，絵本などの物語は昔話が多く，教科
書で習わない語彙や文法が多くみられ，日本語学習者が読む
練習に使うには適していませんでした。

　要望に合う資料があまりなくて困っているところに，2006
年，アスク出版から「レベル別日本語多読ライブラリー　に
ほんごよむよむ文庫」が発売されました。英語多読に関して
は資料を読んだことがあったことから，日本語学習者にもこ
の方法は有効だと考え，図書館資料として購入しました。し
かし，たずねられれば提供できるものの，書架に置いておく
だけでは潜在的な読者には届かないと考え，図書館内に特別
コーナーを設置しました。これからこの図書をどう活用して
いこうかと考えているところに，一人の日本語教師との出会
いがあったのです。

　　　　　　（畠中朋子：国際交流基金関西国際センター専任司書）

(3) 多読イベント「Yom Yom Salon」開催

　筆者は 2014 年に KC に着任するまで，海外で日本語を教えていました。海外での 7 年間，学習者に多読をすすめたり，授業に取り入れて，その高い効果を実感していました。KC にも多読用の図書があることを知り，ぜひ多読授業を行いたいと考え，司書に相談しました。図書館側でも多読用図書の活用を考えていたところで，たちまち意気投合，さっそく多読イベントを企画することにしました。「本を味わって読んでもらいたい」という思いから，イベント名は英語の「yum yum」（＝おいしい）とかけて，「Yom Yom Salon」としました。

　2014 年，月に 1 回開催したところ，参加者にも好評だったことから，2015 年からは月に 2 回の開催としました。毎回 10 名程度が参加し，思い思いの本を手に多読を開始。水を打ったような静けさの中，時には笑いあり涙ありの時間を過ご

ソファやベランダなど思い思いの場所で楽しむ
「Yom Yom Class」の参加者

していました。

(4) 多読用図書「KCよむよむ」の制作

「Yom Yom Salon」を開催してみて,入門レベルの図書をさらに充実させたいと考えました。「参加者にもっと関西のことを知ってもらいたい！」という思いから,「KCよむよむ」の制作を開始しました。

制作の際に留意したのは次の3点です。

① 日本の生活と文化,特に関西に関連するトピックを扱うこと
② 表現や語彙は『まるごと　日本のことばと文化』(国際交流基金編著)[2)]に準ずること
③ イラストや写真はフリーのものを使用するか,自前でイラストや写真を準備すること

司書と教師の協働で制作した「KCよむよむ」

同僚にも声をかけたところ，続々と有志が集まりました。
現在までに 14 人が参加しています。司書が製本した後，お
すすめや感想を書けるようにコメントシートをつけて完成で
す。これまでに 26 冊を制作し，ウェブ上でも電子版を公開
しています[3]。

（5）　多読授業「Yom Yom Class」の実践

　「Yom Yom Salon」を 2 年間実施した結果，参加者と教師の
フィードバックを得て，より多くの多読の機会を持てるよう
授業化を検討し，2016 年から選択科目として「Yom Yom
Class」を開講しました。授業には 29 人が登録し，毎週多読
に取り組みました。中には，3 か月で 80 冊近い本を読んだ参
加者もいました。

　授業では，まず多読のルールを確認し，「KC よむよむ」の
執筆者の朗読を聞きます。執筆者本人による朗読は大好評で
した。そして多読の時間。広々とした図書館のリラックスし
た雰囲気の中，座席やソファ，ベランダ等，思い思いの場所
で，各自が選んだ本を楽しんでいました。特にオーディオブ
ースは大人気で，音声を聴きながらページをめくる参加者も
いました。最後に，コメントシートや多読記録シートに記入
して終了です。また，授業では，おすすめの本の紹介や SNS
を用いた情報共有，エッセイコンテストの作品を本にするな
どの試みも行いました。

（6）　多読授業の効果と今後の展望

　授業最終日には聞き取りとアンケート調査を行いました。
以下に調査結果を一部抜粋します。

1 章　多言語多読と図書館………155

① 「Yom Yom Class はどうでしたか」

・読書体験のための素晴らしい授業だった。より速く読み，漢字をよりよく理解できるようになった。

・本当に楽しめた。自分が読みたい本を選んで読めるのがよかった。

・日本語の本を何冊も読めてよかった。

・このクラスは読む力，書く力，話す力を高めるのに役立った。

② 「多読のルールはどうでしたか」

・絵から推測して読むと，理解しやすかった。

・適切だと思う。もしわからない言葉があっても，いろいろな方法で推測できるようになった。とても良いブレイントレーニングになった。

　調査結果から，参加者が自律的に多読に取り組んで日本語力の向上を実感していたこと，多読授業に非常に満足していたことがうかがえます。2017 年も 31 人が受講しており，今後もますます多読を経験する研修参加者が増えていくでしょう。

　図書館司書と日本語教師の協働から，さまざまな実践を行ってきました。今後は，「KC よむよむ」の充実を図るとともに，多読授業の実践を行い，その成果を図書館並びに日本語教育関係者に共有していきたいと考えています。

（東健太郎：国際交流基金関西国際センター日本語教育専門員）

1.4 新宿区立大久保図書館の日本語多読ワークショップの取り組みについて

外国人居住者が全体の実に4割という新宿区大久保にある大久保図書館は，米田雅朗館長を中心にさまざまな多文化サービスに取り組んでいます。その様子はNHKで紹介され（ETV特集「アイ アム ア ライブラリアン〜多国籍タウン・大久保〜」2017年10月14日放映），大きな反響がありました。その中の活動の一つに「日本語多読ワークショップ」があります。「NPO多言語多読」との協働で行っているこのイベントは，全国でも例をみない在住外国人のための図書館による日本語学習支援です。今後，ますます増えると思われる在住外国人のためのこのようなサービスが，日本全国に広がっていくことを願っています。

(1) 「日本語多読ワークショップ」開催までの経緯

　新宿区立大久保図書館の周辺は，外国人の方がたくさん居住されています。このような状況を鑑みて「多文化サービス」に力を入れています。

　「多文化サービス」の手はじめは，まず外国語の資料を収集することでした。そして次は，その外国語の資料，特に絵本を使ってのおはなし会です。定期的に韓国語のおはなし会，英語のおはなし会を行うようになり，なおかつ中国語，タイ語，タガログ語などさまざまな言語でのおはなし会も行うことができるようになりました。

　そんなとき，ある方から素朴な質問を受けました。

　「外国のお子さんに対する取り組みは充実していますが，

1章　多言語多読と図書館………157

大人には何かありますか」と。そのときになって初めて気がつきました。「大人の方への取り組みがない！」2013年の暮れの頃でした。

そこからいろいろな情報を集めはじめました。

2014年の6月に，むすびめの会（図書館と多様な文化・言語的背景をもつ人々をむすぶ）の定例会に参加したときのことです。デンマークの図書館の移民サービスについての講演を聴く機会がありました。その講演の中で，デンマークの図書館では「図書館でデンマーク語を読もう」というプロジェクトに取り組んでいることを知りました。移民の方がデンマーク語を習得するための支援を，図書館が行っているとのこと。

いろいろな文献をあたってみると，スウェーデンでも，スウェーデン語がわからない移民の子どもたちに学校の宿題の支援を行ったり，ソマリア系難民にスウェーデン語の学習支援をしているという記述がありました。「図書館で日本語を読もう，あるいは話そう」というようなことはできないものかと思ったとき，「NPO多言語多読」の活動がマッチしました。以前，大久保図書館を訪問されたとき，活動内容をうかがったのですが，そのときの記憶が蘇ったのです。

「そうだ！　日本語の多読を図書館でやってみたらいいのではないか？」さっそく，「NPO多言語多読」の栗野真紀子さん（NPO多言語多読理事）とコンタクトをとりました。

(2)　初めてのワークショップ

「NPO多言語多読」とはすぐに意気投合して，2015年6月，「やさしい日本語の本を読んでみませんか？」というタイトルで，初の日本語多読のワークショップ（協力：NPO多言語多

158

読）を開催することになりました。

　最初はどうなるかまったく予想がつかず，近隣の日本語学校を軒並み訪問し，図書館に来館された外国人の利用者にもご案内をして，周知に努めました。チラシは，日本語と英語版を用意しました。

　その結果，定員 20 人に対して 15 人が参加されました。近隣の日本語学校の学生が多かったですが，会社員や主婦，そしてインターネットから情報を得て，遠方から参加された方もいました。日本語の本を読むのは初めてという方が多かったですが，「レベル別日本語多読ライブラリー」（アスク出版）や絵本をたくさん用意して，「NPO 多言語多読」のスタッフの手ほどきで，みなさんどんどん読んでいかれました。

　2 時間があっという間に過ぎ，終了後のアンケートでは「とてもよかった」，「次回も開催してほしい」との回答をたくさんいただきました。

(3)　年に 2 回の開催へ

　手応えを感じたので，2016 年度は 6 月と 2 月，年 2 回の開催にしました。また日本語学校の方々だけではなく，親子で参加していただきたいとの思いから「親子での参加も OK」という文言をチラシに入れました。そして，そのチラシを外国の子どもが多い幼稚園と小学校に配布しました。小さい子どもが飽きてしまった場合も想定して，読み聞かせができる児童担当者を配置しました。

　2017 年度も 2 回，2018 年度もすでに 1 回開催し，現在（2018 年 11 月）に至るまで 6 回開催しています。チラシは，今では日本語・英語・韓国語・中国語版の 4 種類を作成し，外国の

方々の出入りが多い近隣のお店などにも設置してもらっています。

これまで参加された方の国籍は，中国・台湾・韓国・タイ・ベトナム・フィリピン・ブラジル・フランス・スペイン・アメリカなど 10 か国以上にわたり，人数は多いときでは 20 人を超えることもありました。

ほとんどの参加者が日本語の本を読むのが初めてという

「親子で参加をしてとても楽しかったので」ということで，リピーターになり，さらに友人家族を誘って参加した方も，Facebook で友だち同士誘い合って参加した方もいます。あ

るときは,日本語学校の学生さんで韓国の方とベトナムの方が参加されましたが,2人とも日本での就職を希望しており,仲よく情報交換をしているという微笑ましい光景も見られました。

ワークショップがひととおり終了すると,「最後にいちばんおもしろかった本はどれですか?」と声をかけます。すると,参加されたみなさんは,お互いに本を見せ合いながら,感想を述べ合います。一生懸命に日本語で,読んで感動したことを,談笑しながら語り合っています。このように,とても素敵な交流の場となっています。

読書タイムの後,米田雅朗館長(左)の説明で,
参加者は貸出カードをつくる

時間に余裕のある方は,図書館見学と利用案内を行い,希望者は図書館の利用カードをつくります。外国語の本はどこ

にあるか，日本語学習の本はどこにあるか，本は何冊まで借りることができるか，などを説明して，カードをつくると，さっそく興味のある本を借りていかれる方もいます。

　最近は，「レベル別日本語多読ライブラリー」や「にほんご多読ブックス」も外国の利用者に知られるようになってきて，まとめて借りていかれる姿を頻繁に見かけます。開催していた当初は，「外国の方向けのイベント」という位置づけでしたが，今では明確に「図書館による外国の方への日本語支援」というスタンスをとっています。

(4)　図書館による日本語支援の重要性

　2015年に新宿区で，外国の方を対象にしたアンケートを行いました。「困っていることは何ですか」という項目の中で，一番にあげられていたのは，日本語に関することでした。役所や病院での説明がわかりづらい，新聞が読めない，といった内容です。この日本語多読のワークショップは，こうした外国の方々のニーズに合っており，図書館で誰でも，しかも無料で参加できる点でたいへん重要な役割を担っていると感じています。大久保図書館の多文化サービスの事業の中で，柱となっていくことは間違いありません。

　外国の方へのイベントの周知の難しさなど課題はありますが，今後も，「NPO多言語多読」との連携を強固にしながら，さらに内容を充実させるとともに，図書館としての「日本語支援」を積極的に推進してまいりたいと思っています。

（米田雅朗：新宿区立大久保図書館館長）

1.5 韓国語多読の会

「韓国語多読の会」は、「NPO多言語多読」の、英語、日本語に次ぐ多読実践活動です。多読というアプローチを新鮮に感じた遠方の韓国語教室の先生やネイティブの先生の参加やテレビ、雑誌の取材もあり、少しずつ周知されています。事務所に入りきれないほどの人が集まることもあります。どんな言語でも多読を楽しむことは可能で、ここでも図書館の役割が期待されます。実際、韓国語多読の会も新宿区立大久保図書館、いたばしボローニャ子ども絵本館のお世話になっています。ファシリテータ、渡辺奈緒子さんの報告です。

(1) 韓国語多読の会が誕生するまで

「韓国語多読の会」は2014年の3月にはじまりました。当初は本が数冊しかない上に、どれも中級以上でないと読めないような難しいもので、「多読」というにはほど遠い状態でのスタートでした。それでも「多読の会」という名前でこの会を立ち上げたのは、その前の年に幸運にも日本語多読の活動に出会い、やさしいものを楽しくたくさん読めば、「読めた！」という喜びのあとから言語習得は自然とついてくる、という多読の考えかたに深く共感したからでした。

この共感の裏には、それまで筆者が韓国語・英語学習者として、また日本語教師として実践してきた「難しいものを苦労して少し読む」という「読解」への疑問がありました。一字一句辞書をひきながら進む読解をいったん離れ、多読の4つのルール（①やさしいものから読む、②辞書は引かない、③わからないところは飛ばす、④合わないと思ったら本を替える）をまず

1章　多言語多読と図書館……… 163

は自分の韓国語で試してみると，それまでにはなかったような読む楽しさ，軽快さがあり，韓国語多読の会を立ち上げ，これを実践・共有したいという意欲がふつふつとわいてきました。

　そこで，手元にある本や人から譲ってもらった本を使って手探りで会をはじめました。当然ですが，やさしい本がなければ多読がうまくいかないという壁にすぐにぶつかり，2か月後には韓国の絵本（乳児・幼児向けの絵本，韓国の昔話，日本の絵本の韓国語版など）を 50 冊近くまとめて購入することになりました。さらに，韓国の絵本を数多く所蔵している新宿区立大久保図書館からまとまった数の本をお借りして，いよいよ本格的な多読の会がスタートしました。

(2)　絵本から広がった多読の輪

　このとき，韓国語にはいわゆる Graded Readers（レベル別に文字数，語彙，文法などを制限している学習者用の読み物）がなかったために，一般の絵本を用意したことが，この後の多読の会の方向を決めていくことになりました。はじめのうちは「やさしく読めるものが他にはないから」という理由で絵本を選んでいたのが，内容のおもしろさ，読後の満足感，集まって読む楽しさなどが期待を大きく上回り，「もっと絵本を読みたい」という空気が自然と高まっていきました。韓国語多読の会は「絵本の読書会」とも呼べる会に発展していき，参加者が韓国で見つけて会に寄贈してくれたユニークな絵本，いたばしボローニャ子ども絵本館からお借りした選りすぐりの作品などを通して，韓国の絵本に大人が楽しめるようなすぐれた作品が数多くあることも知ることができました。

164

ときには韓国の方をゲストに迎えて和気あいあいと

　月に2, 3回のペースで会を続けていくうちに，絵本が人を呼び，人が絵本を呼び，またその絵本たちが新たな人を呼び……，少しずつ多読の輪も広がっていきました。会を知った方が，たくさんの絵本を寄贈してくださったこともありました。さらに『韓国語学習ジャーナルhana』Vol. 4（HANA, 2014.11）に紹介されたことがきっかけで，全国の韓国語学習者の方たちや韓国語教室ともつながりができました。同じような会を別の場所でやってみたいといううれしい声も聞かれました。実際に愛知県刈谷市に「韓国語絵本多読の会」が生まれ，現在もすばらしい活動が続いているほか，韓国語教室の中に多読の会が発足したケースもあるようです。

　また，日本に住む韓国の方々とのあたたかい交流も生まれました。「韓国語の音を聴きたい」と願う多読の会の参加者のために，韓国のお母さんたち，またそのお子さんたちがボランティアの読み聞かせ活動を通して多読の会を支えてくだ

さっています。

(3) 継続するために

　多読の会では，絵本の楽しさを知ると同時に，多読の読み物として絵本を用いることの難しさも経験してきました。

　まず，絵本には Graded Readers のようなレベル分けがないため，自分のレベルに合った本がうまく探せない，進歩している実感が持てない，継続するモチベーションがわかないといった問題が出てきました。これについては，だいたいの文字数や自分たちの読後感を頼りにレベルを判定し，絵本に印をつける作業をすすめています。

　また，そもそも絵本を読むことに抵抗がある人や，絵本の次のステップとして文学などにすすみたいという人もいます。現在は絵本を読む会というカラーが強くなっていますが，絵本以外の選択肢も提示できるような幅のある会に発展していけるのが理想なのだと思います。絵本を中心に据えつつも，多様な読み物の多読を通して韓国語を習得できる場であろうとする姿勢は持っておきたいと考えています。

　最後に，これまでの活動を振り返ってみると，韓国語多読の会は「場所」と「本」と「人」に恵まれて，ここまで続けてこられたのだとつくづく感じます。

　まず場所ですが，会を開く場所に常に本を置いておけて，本の運搬が必要なかったことは，継続していく上での重要なポイントだったと思います。場所があったからこそ，思い切って本を増やすこともできました。

　本は，韓国の教保文庫と中古書店アラジンで幾度にもわたって買い足してきましたが，その累計を上回るほどのたくさ

んの寄贈をいただきました。本当に感謝しています。

　そして，韓国語多読の会は立ち上げからとにかく人に恵まれ，本と韓国語を愛する参加者のみなさんが個性を持ち寄って楽しい会に育ててくださったことが，何よりの幸運だったと思っています。このような会をやってみたいという方がいたら，はじめに場所と多少の本は必要ですが，あとは参加者の人たちとつくり上げていくつもりで，ぜひ一歩を踏み出してほしいと思います。韓国語多読が今後ますます広がっていくことを願っています。

（渡辺奈緒子：NPO 多言語多読会員）

注

1) 　ノートルダム大学　日本語多読授業プロジェクト作品
Extensive Reading in Japanese @ Notre Dame: Honeycomb Online Exhibitions（selected student projects）
https://tinyurl.com/jpn-er-dec-nd（参照 2018-12-15）

2) 　『まるごと　日本のことばと文化』
https://www.marugoto.org/

3) 　KC よむよむ　http://jfkc.jp/clip/yomyom/index.html（参照 2018-12-15）

【資料編】
はじめての図書館英語多読　最初に揃えたい，次に揃えたいやさしい絵本，シリーズもの

　実践者に人気の定番の中から，シリーズものを中心に集めました。

〈表の見方〉

ISBN	最新のものを記載していますが，版が変わるとISBN も変わります。対象の本が見つからない場合はタイトルから探してください。
タイトル	シリーズ名，個別の本タイトルになっています。
★（セル色付き）	NPO 多言語多読「英語多読特設サイト」で多読実践者による紹介文を読むことができます。
色レベル	語数を中心に虹色でレベル分けしています。
YL	読みやすさレベル。語彙や，実践者の感想などを参考にしたレベル分けです。
語数	シリーズ内でのおよその語数範囲です。本のボリューム感の参考になります。
続巻	掲載している以外の続巻情報です。
シリーズ名	表にない続巻を探すときに利用してください。

168

◆最初に揃えたい絵本，シリーズ

	TITLE		
色レベル	YL	語数	続巻
	Oxford Reading Tree Stage 5 まで（ORT）		
ピンク	YL 0.0-0.5	0-350 語程度	○
まず ORT を Stage 5 まで揃えましょう。利用者が増えてきたら Stage5 までの複本を！ 図書館によっては人気の ORT は複本を禁帯出本にしているところもあるようです。			
9780193955141	Oxford Reading Tree Stage 1 WORDLESS STORIES A（CD 付き）※文字なし絵本		
9780193955158	Oxford Reading Tree Stage 1 WORDLESS STORIES B （CD 付き）※文字なし絵本		
9780193955127	Oxford Reading Tree Stage 1 FIRST WORDS（CD 付き）		
9780193955134	Oxford Reading Tree Stage 1 MORE FIRST WORDS 2011（CD 付き）		
9780193955523	Oxford Reading Tree Value Pack 1 Stage 1 +〜Stage 3（CD 付き）		
9780193955905	Oxford Reading Tree Value Pack 2 Stage 4〜Stage 5（CD 付き）		
9780193955509	Oxford Reading Tree Trunk Pack A（Stage 1 More First Words, Stage 1 + First Sentences, Stage 2, 3, 4 Stories Packs）5 CD packs ※このセットに，文字なし絵本は入ってません		
9780193955516	Oxford Reading Tree Trunk Pack B S5〜S9（CD 付き） ※絵本を揃えていくなら，Stage 5 まであれば十分		

9780190710224	Oxford Reading Tree Tadoku Pack with CD（all packs from Stage 1 + to Stage 9）30 packs ※ Stage 1 は入っていません。		
	Literacy Land: Story Street Step 5 まで（LLL）		
ピンク	YL 0.0-0.6	0-350 語程度	○

ORT シリーズ以外で段階別になっているシリーズ本を揃えたいときに。ORT のように全編を通じて同じキャラクターたちが活躍しますが，こちらはキャラクターが年齢を重ねていくところが特徴です。ORT が子どもっぽいと感じられる方におすすめです。

9781408276693	Story Street: Step 1 Audio Pack Basic（5 Books）
9781408275696	Story Street: Step 1 Audio Pack 1（4 Books）
9781408275702	Story Street: Step 1 Audio Pack 2（4 Books）
9781408275719	Story Street: Step 1 Audio Pack 3（4 Books）
9781408275788	Story Street: Step 2 Audio Pack Basic（5 Books）
9781408275764	Story Street: Step 2 Audio Pack 2（4 Books）
9781408275771	Story Street: Step 2 Audio Pack 3（4 Books）
9781408275825	Story Street: Step 3 Audio Pack Basic（5 Books）
9781408275795	Story Street: Step 3 Audio Pack 1（4 Books）
9781408275801	Story Street: Step 3 Audio Pack 2（4 Books）
9781408275818	Story Street: Step 3 Audio Pack 3（4 Books）
9781408275849	Story Street: Step 4 Audio Pack Basic（5 Books）
9781408275832	Story Street: Step 4 Audio Pack 1（4 Books）
9781408275863	Story Street: Step 5 Audio Pack Basic（5 Books）
9781408275856	Story Street: Step 5 Audio Pack 1（4 Books）

Leslie Patricelli board books シリーズ			
ピンク	YL 0.0-0.2	20 語程度	○

9780763644765	Potty ★		
9780763619503	Yummy Yucky		
9780763632441	No No Yes Yes		
9780763663216	Toot		
9780763623630	Blankie		
	NOODLES シリーズ		
ピンク	YL 0.2	200 語程度	○
9780545134743	I Love School!		
9780439773539	I Won't Share!		
9780545245036	I Love Rainy Days!		
	Maisy シリーズ		
ピンク	YL 0.4-0.5	100 語程度	○
9780763609085	Maisy's Bedtime ★		
9780763610852	Maisy Drives the Bus		
9780763615031	Maisy Goes Shopping		
	Pete the Cat シリーズ		
ピンク	YL 0.2-0.3	300 語程度	○
9780062110695	Pete the Cat: Pete's Big Lunch ★		
9780062110756	Pete the Cat: Too Cool for School		
9780062303790	Pete the Cat: A Pet for Pete		
9780062303882	Pete the Cat: Scuba-Cat		
	ELEPHANT AND PIGGIE シリーズ		
ピンク	YL 0.4-0.5	150-250 語程度	○
9781423102977	MY FRIEND IS SAD ★		
9781406348255	ARE YOU READY TO PLAY OUTSIDE?		

資料編········171

9781406338430	I AM INVITED TO A PARTY!		
9781406348262	I LOVE MY NEW TOY		
9781406338461	I WILL SURPRISE MY FRIEND!		
9781423178286	The Thank You Book（ハードカバー・シリーズ最終巻）		
	BISCUIT シリーズ		
ピンク	YL 0.3-0.6	150 語程度	○
9780064442121	BISCUIT		
9780064442640	BATHTIME FOR BISCUIT　★		
9780064436168	BISCUIT GOES TO SCHOOL		
9780060094614	BISCUIT AND THE BABY		
9780064442435	BISCUIT FINDS A FRIEND		
9780061177460	BISCUIT TAKES A WALK		
9780064442886	BISCUIT'S BIG FRIEND		
9780064443159	BISCUIT WANTS TO PLAY		
9780061177538	BISCUIT AND THE LOST TEDDY BEAR		
9780061177491	BISCUIT MEETS THE CLASS PET		
9780064443081	BISCUIT'S NEW TRICK		
9780061935022	BISCUIT PLAYS BALL		
9780060741723	BISCUIT AND THE LITTLE PUP		
9780061935046	BISCUIT IN THE GARDEN		
9780061935060	BISCUIT LOVES THE LIBRARY		
9780062236937	BISCUIT GOES CAMPING		
	TINY シリーズ		
ピンク	YL 0.5	150 語程度	○
9780448494760	WHEN TINY WAS TINY　★		

9780141302676	TINY'S BATH		
9780448478333	TINY GOES CAMPING		
9780448458106	TINY THE SNOW DOG		
9780141304885	TINY GOES TO THE LIBRARY		
9780448481340	TINY GOES BACK TO SCHOOL		
	Dragon's シリーズ		
赤	YL 0.5-1.0	500-800 語程度	○
9781407143651	A Friend for Dragon		
9780531070680	Dragon's Fat Cat		
9780439548489	Dragon's Merry Christmas ★		
	Fly Guy シリーズ		
赤	YL 0.5	300 語程度	○
9780439853118	Hi! Fly Guy ★		
9780439903745	Super Fly Guy		
9780545532860	I Spy Fly Guy!		
	Froggy シリーズ		
赤	YL 0.7-1.0	500-600 語程度	○
9780142408704	Froggy Gets Dressed ★		
9780142401934	Froggy Goes to the Doctor		
	HENRY AND MUDGE シリーズ		
赤	YL 0.5-1.0	500-800 語程度	○
9780689810053	HENRY & MUDGE THE FIRST BOOK		
9780689832840	HENRY & MUDGE AND ANNIE'S GOOD MOVE ★		
9780689810039	HENRY & MUDGE IN PUDDLE TROUBLE		

9780689810015	HENRY & MUDGE IN THE GREEN TIME
9780689810176	HENRY & MUDGE AND THE FOREVER SEA
9781591125723	HENRY & MUDGE GET THE COLD SHIVERS
9780689834431	HENRY & MUDGE AND ANNIE'S PERFECT PET
9780689834486	HENRY & MUDGE AND A VERY MERRY CHRISTMAS
9780689810138	HENRY & MUDGE AND THE HAPPY CAT
9780689801624	HENRY & MUDGE AND THE BEDTIME THUMPS
9780689813856	HENRY & MUDGE AND THE BEST DAY OF ALL
9780689823176	HENRY & MUDGE IN THE FAMILY TREES

	Fancy Nancy シリーズ		
赤	YL 0.7-1.5	300-500 語程度	○
9780061846847	Fancy Nancy		
9780061236099	Fancy Nancy and the Boy from Paris　★		
9780061882715	Fancy Nancy: My Family History		

	USBORNE FIRST READING シリーズ（CD 付き）		
赤	YL 0.7-1.5	150-300 語程度	○
9781409533351	Chicken Licken　★		
9780746085288	The Sun and the Wind		
9780746085141	The Wish Fish		
9780746085295	The Fox and the Stork		
9780746085301	The Fox and the Crow		
9780746096536	The Ant and the Grasshopper		
9780746096604	The Lion and the Mouse		

9780746096871	King Midas and the Gold		
9780746096697	The Three Wishes		
9781409506546	Old MacDonald had a farm		
9781409522188	Under the Ground		
9781409522256	Anansi and the Bag of Wisdom		
9781409522171	On the Farm		
9781409536772	In the Castle		
9781409535782	On the Moon		
9781409535836	The Greedy Dog		
9781409535829	Anansi and the Tug of War		
9781409596769	How the Elephant got his Trunk		
9781409596752	How the Whale got his Throat		
9781409596776	How the Rhino got his Skin		
9781409596783	How the Leopard got his Spots		
9781474933391	Why the Kangaroo Jumps		
	ROOKIE READ ABOUT GEOGRAPHY		
赤	YL 0.7-1.5	100 語程度	○
9780531292754	Rookie Read-About Africa		
9780531292761	Rookie Read-About Antarctica		
9780531292778	Rookie Read-About Asia		
9780531292785	Rookie Read-About Australia		
9780531292792	Rookie Read-About Europe		
9780531292808	Rookie Read-About North America		
9780531292815	Rookie Read-About South America		
	ROODKIE SCIENCE		
赤	YL 0.7-1.5	100 語程度	○

資料編········175

9780531228302	It's a Good Thing There Are Ladybugs		
9780531228364	It's a Good Thing There Are Earthworms		
9780531228319	It's a Good Thing There Are Bees		
9780531228333	It's a Good Thing There Are Snakes		
9780531228357	It's a Good Thing There Are Butterflies		
9780531228340	It's a Good Thing There Are Bats		
	ROOKIE ANIMALS		
赤	YL 0.7-1.5	100 語程度	○
9780516449166	Please Don't Feed the Bears		
9780516449258	Frogs and Toads and Tadpoles, Too		
9780516260808	Gator or Croc?		
9780516263656	Inside an Ant Colony		
9780516264202	These Birds Can't Fly		
9780516264806	Knowing about Noses		
9780531249765	Caterpillar to Butterfly		
9780531249789	Tadpole to Frog		
	CURIOUS GEORGE		
赤	YL 0.7-1.5	500-700 語程度	○
9780395150238	CURIOUS GEORGE		
9780395186497	CURIOUS GEORGE TAKES A JOB		
9780395070628	CURIOUS GEORGE GOES TO HOSPITAL		
9780395912140	CURIOUS GEORGE GOES TO CHOCOLATE FACTRY		
9780544110007	Curious George Goes to the Zoo with downloadable audio		

	絵本		
ピンク	YL 0.0-0.5	0-200 語程度	－ －
9780439921855	YO! YES! ★		
9781338269048	No, David! ★		
9780141380933	The Very Hungry Caterpillar（with CD） ★		
9780395870822	Tuesday （文字なし） ★		
9780064435963	From Head to Toe		
9780140508192	I Like Me!		
9780552549776	Shark in the Park!		
9781509831975	Goodnight Moon		
9780374468620	Snow		
	絵本		
赤	YL 0.7-1.0	200-500 語程度	－ －
9781933718101	The Kissing Hand ★		
9780763617103	OWL Babies ★		
9781780080031	Otto The Book Bear ★		
9781406338539	I want my hat back ★		
9780007150366	Lost and Found ★		
9780064431477	A Tree Is Nice		
9780007494842	The Runaway Bunny		

◆次に揃えたい絵本，シリーズ

	MR. PUTTER AND TABBY シリーズ		
オレンジ	YL 1.0-1.5	700-800 語	○
9780152009014	MR PUTTER AND TABBY POUR THE TEA ★		

9780152002145	MR PUTTER AND TABBY BAKE THE CAKE
9780152002466	MR PUTTER AND TABBY PICK THE PEARS
9780152010607	MR PUTTER AND TABBY FLY THE PLANE
9780152010591	MR. PUTTER & TABBY ROW THE BOAT
9780152002473	MR PUTTER AND TABBY TOOT THE HORN
9780152024741	MR PUTTER AND TABBY PAINT THE PORCH
9780152163662	MR PUTTER AND TABBY FEED THE FISH
9780152047603	MR PUTTER AND TABBY CATCH THE COLD
9780152050580	MR PUTTER AND TABBY STIR THE SOUP
9780152002428	MR PUTTER AND TABBY WRITE THE BOOK
9780152054434	MR PUTTER & TABBY MAKE A WISH
9780152060954	MR PUTTER & TABBY SPIN THE YARN
9780152063665	MR PUTTER & TABBY SEE THE STARS
9780547248240	MR PUTTER & TABBY RUN THE RACE
9780547414331	MR PUTTER & TABBY SPILL THE BEANS
9780547576954	MR PUTTER & TABBY CLEAR THE DECKS
9780152008918	MR PUTTER & TABBY WALK THE DOG
9780152023898	MR PUTTER & TABBY TAKE THE TRAIN

Poppleton シリーズ			
オレンジ	YL 1.0-1.5	800 語程度	○
9780590847834	Poppleton		
9780545078672	Poppleton in Spring　★		
9780590847889	Poppleton and Friends		
9780590848534	Poppleton Everyday		

Iris and Walter シリーズ			
オレンジ	YL 1.0-1.5	800-900 語程度	○

9780547745558	Iris and Walter ★		
9780544456037	Iris and Walter: True Friends		
9780547745565	Iris and Walter: The Sleepover		
	A Dodsworth Book シリーズ		
オレンジ	YL 1.0-1.5	900 語程度	－
9780547248318	Dodsworth in New York ★		
9780547331928	Dodsworth in Paris		
9780547414409	Dodsworth in London		
9780547722108	Dodsworth in Rome		
9780544339156	Dodsworth in Tokyo		
	Fox シリーズ		
オレンジ	YL 1.0-1.5	900 語程度	○
9780140368420	Fox Be Nimble ★		
9780140365443	Fox at School		
9780140365412	Fox on Wheels		
	Houndsley and Catina シリーズ		
オレンジ	YL 1.0-1.5	1,000 語程度	○
9781430102991	Houndsley and Catina ★		
9780763666392	Houndsley and Catina and the Birthday Surprise		
9780763668631	Houndsley and Catina and the Quiet Time		
	Oliver and Amanda シリーズ		
オレンジ	YL 1.0-1.5	1,300-1,600 語程度	○
9780140368406	Tales of Amanda Pig		
9780140373868	Oliver, Amanda, and Grandmother Pig		
9780140370089	Amanda Pig and Her Big Brother Oliver		

	Young Cam Jansen シリーズ		
オレンジ	YL 1.0-1.5	1,300-1,600 語程度	○
9780140377798	Young Cam Jansen and the Dinosaur Game ★		
9780142410127	Young Cam Jansen and the Spotted Cat Mystery		
9780142416853	Young Cam Jansen and the 100th Day of School Mystery		
	Little Bear シリーズ		
オレンジ	YL 1.0-1.5	1,500 語程度	○
9781782955047	Little Bear ★		
9781782955085	Little Bear's Friend		
9780064440141	Father Bear Comes Home		
	FROG AND TOAD シリーズ		
オレンジ	YL 1.5-2.0	1,700-2,200 語程度	○
9780064440202	FROG & TOAD ARE FRIENDS ★		
9780064440585	DAYS WITH FROG & TOAD		
9780064440592	FROG & TOAD ALL YEAR		
9780064440219	FROG & TOAD TOGETHER		
9780060740535	FROG AND TOAD AUDIO COLLECTION （CD）		
	Nate the Great シリーズ（チャプターブック）		
オレンジ	YL 1.5-2.0	1,600-2,500 語程度	○
9780440461265	Nate the Great ★		
9780440463023	Nate the Great Goes Undercover		
9780440801634	Nate the Great and the Halloween Hunt		
9780440416623	Nate the Great and the Monster Mess		
9780807216651	Nate the Great Collected Stories: Volume 1 （上記4冊 CD）		

9780440463009	Nate the Great and the Phony Clue
9780440461913	Nate the Great and the Missing Key
9780440462767	Nate the Great and the Snowy Trail
9780440412991	Nate the Great and the Crunchy Christmas
9780307582874	Nate the Great Collected Stories: Volume 2 （上記 4 冊 CD）

	Rainbow Magic Fairy シリーズ（チャプターブック）		
オレンジ	YL 1.5-2.0	1,600-2,500 語程度	シリーズごと各 7 冊
9780439738613	Ruby the Red Fairy　★		
9780439744652	Amber the Orange Fairy		
9780439744669	Sunny, the Yellow Fairy		
9781843620198	Fern the Green Fairy		
9780439746847	Sky the Blue Fairy		
9780439746854	Inky the Indigo Fairy		
9781843620228	Heather the Violet Fairy		

	Cobble Street Cousins シリーズ（チャプターブック）		
オレンジ	YL 2.0-2.5	3,000-4,000 語	全 6 巻
9780689817083	#1 In Aunt Lucy's Kitchen　★		
9780689817090	#2 A Little Shopping		
9780689817151	#3 Special Gifts		
9780689817120	#4 Some Good News		
9780689834172	#5 Summer Party		
9780689834189	#6 Wedding Flowers		

	Getting to know the world's Greatest シリーズ		
オレンジ	YL 2.0-2.5	1,500-2,000 語	○
9780516269993	Johannes Vermeer ★		
9780531225394	Vincent Van Gogh		
9780531213377	Stephen Hawking		
9780531223512	Steve Jobs & Steve Wozniak		
9780531222430	The Beatles		
	絵本		
オレンジ	YL 1.0-2.5	500-5,000 語程度	－－
9780007215997	The Tiger Who Came to Tea ★		
9780064430098	Harry the Dirty Dog		
9781406300406	Guess How Much I Love You		
9780152021023	The Old Woman Who Named Things		
9780395389492	The Polar Express with CD		
	ORT Time Chronicles シリーズ(チャプターブック)		
黄色	YL 2.0-3.0	2,000-3,000 語	3シリーズ各6巻
9780198446767	Oxford Reading Tree－Time Chronicles Stage 11＋(6冊) ★		
9780198446842	Oxford Reading Tree－Time Chronicles Stage 12＋(6冊)		
9780198391043	Oxford Reading Tree－Time Chronicles Stage 13（6冊）		
	朗読音声は，OUP Japan ウェブサイトよりダウンロード可能		

	Marvin Redpost シリーズ（チャプターブック）		
黄色	YL 2.5-3.5	5,000-8,000 語	全8巻
9780679819462	#1 Kidnapped at Birth?　★		
9780679819479	#2 Why Pick on Me?		
9781408801673	#3 Is He a Girl?		
9781408801659	#4 Alone in His Teacher's House		
9781408801680	#5 Class President		
9781408801642	#6 A Flying Birthday Cake?		
9781408801697	#7 Super Fast, Out of Control!		
9781408801666	#8 A Magic Crystal?		
9780385368308	The Marvin Redpost Series Collection（CD#1-#8）		
	Who was / Who is シリーズ		
黄色	YL 3.0-3.5	7,000-9,000 語	○
9780448437644	Who Was Charles Darwin?　★		
9780448462110	Who Was Steve Jobs?		
9780448458724	Who Is J. K. Rowling?		
9780448431048	Who Was Wolfgang Amadeus Mozart?		
9780448444826	Who Was Anne Frank?		
	Let's read and find out about シリーズ		
赤・オレンジ・黄色	YL 1.5-3.0	500-1,500 語	○
9780062338037	The Sun and the Moon		
9780064450966	My Hand		
9780062338013	What makes a magnet?　★		

資料編………183

9780061575273	What's So Bad About Gasoline?: Fossil Fuels and What They Do		
9780064451208	Be a Friend to Trees		
	Magic Tree House シリーズ（チャプターブック）		
黄色	YL 2.5-3.5	5,000-6,000 語 29 巻以降は 10,000 -12,000 語	○
9781862305236	#1 Dinosaurs Before Dark　★ （新装版タイトル #1 Valley of the Dinosaurs）		
9780679824121	#2 The Knight at Dawn		
9780679824244	#3 Mummies in the Morning		
9780679824251	#4 Pirates Past Noon		
9781862305663	#5 Night of the Ninjas		
9780679863724	#6 Afternoon on the Amazon		
9780679863731	#7 Sunset of the Sabertooth		
9780679863748	#8 Midnight on the Moon		
9780375813658	Magic Tree House Volumes 1-4 Boxed Set		
9780375822667	Magic Tree House Volumes 5-8 Boxed Set		
9780375849916	The Magic Tree House Library: Books 1-28		
9780807206126	Magic Tree House Collection: Books 1-8（CD）		

付録

1. 蔵書の増やし方・探し方

　本の好みは人それぞれです。まずは各シリーズ数冊ずつ，幅広く揃え，利用者の評判を聞きながら続巻を増やしてみて

ください。

● NPO 多言語多読「英語多読特設サイト」

多読の最初の一歩から，素材紹介，多読サークル紹介，実践者によるおすすめ本紹介。多読に関する FAQ は実践者の体験談とともに掲載しています。

＜同サイトの素材紹介一覧ページ＞

http://tadoku.org/english/books-and-videos/

ここで紹介している以外にも多くの本やシリーズを多読実践者の紹介文とともに，読むだけでない音や動画を取り入れた楽しみ方なども紹介しています。

● SSS 英語学習法–書評検索システム

https://www.seg.co.jp/sss_review/jsp/frm_a_130.jsp

YL や語数の目安を調べる資料リンクがあります。また書籍詳細検索を使うと感想レビュー数などで本を探したり，多読実践者の各本についての感想を読むことができます。

● 英語多読完全ブックガイド（コスモピア刊）

多読図書データベースとして本の紹介数は圧巻です。ただ，最初からこの本で選ぶのは大変かもしれません。まずは本書のリストや，下記に挙げた多読蔵書をインターネット公開している図書館のリストを参考に選書してみてください。多読図書に慣れてきたら役に立つブックガイドです。

2. 段階別読みもの（Graded Readers ＝ GR）について

ここで紹介した本のほかに，英語が母語でない大人の学習

資料編········185

者向けにつくられた「段階別読みもの」があります。これら
は Graded Readers, 略して GR（じーあーる）と呼ばれています。
出版社ごとに独自のレベル設定があり，段階別に使用語彙や
文法が制限されています。内容は古典，ミステリー，恋愛，
伝記，SF，ノンフィクションなど多岐にわたっています（詳
しくは『図書館多読への招待』（p.39-41）をご覧ください）。朗読
CD 付きをおすすめします。まずはスターターレベル，レベ
ル 1，レベル 2 ぐらいを揃えてみてください。

3. 多読蔵書をインターネット公開しているおもな図書館

● 豊田市中央図書館

https://www.library.toyota.aichi.jp/readings/index.html

● 多治見市図書館

https://www.lib.tajimi.gifu.jp/tadoku.html

● 知多市立中央図書館

https://www.lib.city.chita.aichi.jp/viewer/info.html?id=85

● 各務原市立中央図書館

http: //ufinity08. jp. fujitsu. com/kakamigahara/index. php? action
=pages_view_main&block_id=497&page_id=145&active_action
=announcement_view_main_init#_497

● 鳥取県立図書館

http://www.library.pref.tottori.jp/library/cat1/post-30.html

● 浜松市立図書館

http://www.lib-city-hamamatsu.jp/guide/tadoku-itiran.htm

（大賀美弥子：NPO 多言語多読・理事）

おわりに

　多読に初めて出会ったのは，今から 12 年ほど前に司書として勤務していた都立の総合学科高校で「100 万語英語多読」という講座が開講されたときでした。多読をはじめたいという英語科教員，また当時電気通信大学准教授で，初めに多読を提唱した（現 NPO 多言語多読理事長の）酒井邦秀氏や「タドキスト」の方たちとも知り合いになりました。図書館で授業を行っていたので，自身も生徒と一緒に多読を体験する中で，英語の本の世界に魅了され，いつしか訳さずに英文を読んでいることに気づいたのでした。その体験から「多読は読書」であること，また図書館に英語多読の本を所蔵する事の必要性を図書館関係者に知ってもらいたいと，図書館多読という活動をすすめてまいりました。2014 年に「JLA 図書館実践シリーズ」で『図書館多読への招待』が発行され，その続編として，どのように図書館多読をすすめていけばよいのかという図書館関係者のために，本をまとめるという企画を今回いただきました。

　図書館は本（木）がたくさんあるので，森にたとえられることがあります。森の中を歩きながらいろいろな本に出会うのが図書館の世界です。そんな図書館の森に多読の木を植えようというイメージで，「NPO 多言語多読」では，図書館シンポジウムを 2018 年までに 5 回行っています。多読は東海地区での実践に牽引される形で，全国に広まってきました。本書

で紹介をしている公共図書館，高専・大学・学校図書館の図書館関係者や教員の方たちの実践をみていただくと，多読が人を介して広がってきたこと，また支える人の重要性がわかると思います。また今回は，先行館へのアンケートに基づいた資料も多く掲載しています。多読をすすめていく上で，これらの資料がとても参考になるのではないでしょうか。

英語多読には，やさしい本が大量に必要です。また読書は個人の活動ですが，支援者と仲間の重要性が指摘されています。英語多読の実践には，資料を提供し読書環境を整備できる図書館という場と，支援をする人の存在が不可欠です。

また小・中学校の学校図書館に，勤務体制はさまざまではありますが，学校司書の配置が進んでいます。学校への外国語教育が今後さらに求められ，それへの対応の一環として学校司書の方から英語多読に関する質問を受けることが増えてきました。

過去に多読の本は教科書や授業のサブテキストと受け取られ，図書館には置けないと言われたことがありました。しかし，多読は読書だという理解がすすみ図書館に多読が広がってきたことで，今度は図書館担当者が多読導入にあたり悩むことも増えてきています。

本書でもたびたび触れていますが，多読を導入する際には，支援者として個別にその人に応じた本を紹介するためにも，担当者が多読を実践することが大事になります。まずは自分自身で多読の世界に足を踏み入れてほしいと思います。

多読は読書です。楽しく読むこと，また知的好奇心が広がることは，多読を実践した人でなくてはわからないことです。「世界が広がった」，「文法がわからなくても読める」，「多読は

楽しい」という生徒の声が，学校図書館に多読図書を置くことをすすめる原動力になってきたのだと思っています。

　また今後は，公共図書館のサービスの一環として乳幼児から高齢者まで多読を通じた活動をサポートし，生涯学習としての支援がさらに注目されるのではないでしょうか。図書館はネットワークすることで機能が広がります。図書館同士，学校や大学などの教育機関，その他の機関との連携が可能です。一番望ましいのは，公共図書館や学校などが広域ネットワーク網を構築し多読図書を資源共有できることが理想ですが，なかなかそこまでの整備は難しいと思います。例えば本書で紹介しているように，高専図書館が地域住民に開かれ公共図書館とも連携している，授業で多読ルームを使い多読授業をするが学校図書館に少し長めの読めるシリーズを用意し紹介する，公共図書館の本館と分館でコレクションを分担しながら活用する，公共図書館が学校向け多読図書の貸出セットを用意しているなど，さまざまな方法が考えられます。

　図書館多読はまだ発展途上にあり，関係者が一緒にすすめていくためには，共通理解が必要です。図書館多読をどのようにすすめていけばよいのか，この本が参考になればという思いでまとめました。そして，少しでも興味を持った方は，ぜひ多読の世界への扉を開いてみてください。NPO 多言語多読としても今後も図書館多読の普及を推進してまいります。

　お忙しい中，ご執筆いただきました皆様にこの場をお借りして厚く御礼申し上げます。本書がこれから多読をはじめようと思っている方たちや，一緒に推進してくださっている方たちにとって一助となれば幸いです。

Happy Reading!!　　　　　　　　　　　　　　　　米澤久美子

事項索引

出現する全ページではなく，説明や事例の掲載ページを示しています。

●アルファベット順

Book Talk　→　ブックトーク

Book Tree ·································· 113

Cambridge English Readers ······ 9, 57

CD ········· 54, 56, 68, 92, 106, 117, 169

Cengage Page Turners ················ 57

Dahl, Roald ···························· 49

EPER ······································ 8

ER　→　Extensive Reading

Extensive Reading ····················· iv

Facebook ······························ 160

Foundations Reading Library ······ 55, 103

GR　→　Graded Readers

Graded Readers ····· iv, 12, 14, 15, 44, 56, 76, 85, 92, 164, 185

Harry Potter ······················ 5, 21, 49

I Can Read ····················· 55, 105

KC よむよむ ························· 154

Leveled Readers ······················ 55

Lexile ···································· 17

Macmillan Readers ·················· 139

Magic Tree House ·· 5, 51, 56, 105, 184

MARC ································· 54

Nate the Great ········· 49, 56, 105, 180

NPO 多言語多読 ······ vi, 47, 76, 145, 147, 151, 158, 163, 184

OPAC ··························· 107, 133

ORT　→　Oxford Reading Tree

Oxford Bookworms ············ 9, 57, 105

Oxford Reading Tree ···· 6, 14, 39, 43, 47, 51, 53, 68, 85, 89, 95, 102, 105, 117, 119, 122, 131, 169, 182

Pearson Readers ···················· 9, 85

POP ························· 57, 134, 139

Rainbow Magic ····················· 181

Scholastic Readers ··················· 55

SNS ············· 19, 40, 52, 57, 133, 155

SSS ···································· 131

SSS 英語学習法書評検索システム ······································· 185

Step Into Reading ··················· 55

TADOKU ······························ vi

tadoku navi ······················ 50, 81

TOEIC ···················· 3, 7, 9, 15, 17

YL ···· 9, 17, 51, 54, 66, 68, 76, 93, 100, 113, 117, 127, 128, 130, 168, 185

●五十音順

【あ行】

愛知県……………………………… 15, 83
アウトプット……… 8, 11, 25, 65, 135
有明工業高等専門学校………………127
いたばしボローニャ子ども絵本館
……………………………………164
一宮市立旧豊島図書館…………… 15
一宮市中央図書館 ………………… 15
一般小説…………………………… 14
イベント……25, 42, 51, 57, 77, 95, 97,
118, 137, 153, 162
インプット………11, 20, 25, 114, 135
英会話……………………………… 12, 20
英語絵本……………………15, 60, 117, 138
英語学習………3, 15, 29, 42, 84, 109,
120, 137
英語学習者…………………………… iv, 163
英語習得……………………………………iv
『英語多読完全ガイドブック』…185
英語 tadoku クラブ ABC4YOU…… 61
「英語で本を読み隊」…………30, 97
英文絵本……………………………49, 81
英語多読コーナー …………63, 73, 92
英文多読コーナー ………………… 9
英文読書……………………………3, 5, 15
英文図書…………2, 13, 48, 55, 75, 81
英文和訳…………4, 8, 20, 56, 76, 87
エディンバラ大学多読プロジェクト
……………………………………… 8

絵本…… iv, 2, 5, 11, 12, 14, 17, 29, 33,
45, 55, 61, 75, 92, 104, 119, 129, 136,
138, 145, 152, 157, 164, 169
おおぶ文化交流の社図書館………97
親子…………………29, 30, 32, 42, 159

【か行】

『快読 100 万語　ペーパーバックへ
の道』……………………………… 3, 81
各務原市立中央図書館…………186
貸出件数　→　貸出冊数
貸出冊数……21, 71, 72, 83, 93, 95, 96,
98, 100, 121, 129, 135, 139
貸出数　→　貸出冊数
学習支援………… 42, 80, 130, 133, 158
学校司書……………………… 62, 188
学校図書館…… 42, 46, 62, 72, 73, 108,
111
学校連携…………………………100
蒲郡市立図書館 ………………… 4, 83
カーリル …………………………50, 81
韓国語………………………… 145, 157
韓国語多読の会 …………………167
聞き読み　→　聴き読み
聴き読み…………… 10, 56, 87, 117
岐阜県図書館 ……………………102
記録‥ 40, 51, 66, 72, 101, 117, 136, 155
グローバル ……………………… 2
継続……6, 16, 23, 27, 33, 65, 73, 77, 82,
92, 93, 96, 117, 124, 126, 133, 166
月例会………………………………122

語彙 …………………… 14, 152, 154, 164

講演会 ……… 25, 39, 42, 44, 52, 57, 92

公共図書館 ……38, 41, 46, 52, 71, 73,
81, 91

購入 ……39, 44, 53, 57, 63, 68, 100, 103,
104, 117, 130, 145, 152, 164

神戸学院大学 …………………135

広報 ………… 19, 39, 57, 76, 87, 133

公立図書館 …3, 13, 20, 70, 80, 82, 84,
86

国際交流基金関西国際センター
…………………………151

公開授業 ………………… 21, 122

克服 …………3, 15, 24, 30, 34, 42

語数 ……16, 40, 54, 66, 75, 101, 117,
133, 168, 185

子ども読書活動推進計画 ………73

コミュニティ …………26, 134, 140

【さ行】

酒井邦秀 ……………… 92, 97, 187

さし絵 ……………………… 6, 10

支援者 ……………… 43, 63, 188

司書 …… 39, 43, 53, 58, 115, 117, 144,
146, 151, 154

静岡県立大学 …………………138

実践者 ……………20, 39, 58, 185

児童書 ……2, 12, 14, 49, 53, 55, 75, 92,
106, 152

児童小説 ………………5, 17, 49, 50

社会人 …… 3, 8, 14, 17, 20, 26, 30, 50,

81, 85, 87, 123

生涯学習 … v, 8, 26, 28, 43, 45, 68, 85,
150

書誌 …………………… 54, 86, 133

新宿区立大久保図書館 …… 157, 164

新宿区立四谷図書館 …………… 43

シンポジウム ……… 47, 76, 150

スペイン語多読 ………………150

墨田区ひきふね図書館…………… 63

先行館 ………… 39, 48, 50, 52, 76, 83

選書 …22, 43, 53, 68, 86, 92, 102

専用コーナー ……… 16, 49, 83, 99

総語数 ……18, 93, 127, 128, 130, 136

装備 ……………… 53, 86, 99, 101

【た行】

体験会 ………25, 40, 77, 95, 122

多言語多読（NPO 以外）… 142, 151

多治見市図書館 ………… 58, 91, 186

タドキスト …………… 31, 98, 187

多読クラブ ……28, 39, 42, 52, 60, 94,
145, 150

多読講座 …… 21, 64, 87, 89, 92, 103,
117, 138

多読コーナー … 4, 15, 39, 53, 58, 69,
94, 104, 117, 126

多読三原則 ……………… iii, 39

多読支援 ……………… 38, 44, 122

多読授業 …… 6, 8, 21, 34, 81, 88, 113,
121, 125, 127, 130, 133, 138, 144, 148,
153, 155

事項索引 ……… **193**

多読資料……… 53, 63, 81, 92, 100, 104

多読通信…………………………115

多読仲間……………………………25

多読の効果………………… 4, 24, 27

多読のルール ………… 155, 156, 163

多読用図書…3, 12, 20, 47, 50, 73, 75, 76, 81, 82, 84, 86, 88, 96, 99, 102, 104, 121, 129, 133, 138, 142, 147, 154

多読歴………………………………22

多文化サービス ………… 42, 157, 162

団体貸出…………………… 69, 73, 100

知多市立中央図書館 ……… 99, 186

中国語………………………… 150, 157

鶴見大学……………………………133

展示…… 39, 58, 66, 118, 126, 132, 137, 138, 149

電子書籍……………………………139

東海地方………………… 4, 28, 52, 82

動機…………………………………93

動機づけ………………… 124, 126

東京都立多摩図書館 ……… 104, 118

東京都立府中東高等学校………116

読書記録………………… 132, 133

読書速度…………………………… 5

図書館サービス …………… 40, 43, 70

図書館司書 ……… 51, 144, 146, 156

図書館多読…v, 26, 28, 33, 39, 43, 46, 74, 81, 94, 127

『図書館多読への招待』 ……… iii, 47, 83, 142, 145, 186

図書館の森に，多読の木を植えよう

………………………vi, 47, 76, 187

図書情報………… 16, 27, 77, 87, 123

図書リスト ……………… 40, 87, 139

鳥取県立図書館 …………………186

豊田工業高等専門学校……… 3, 6, 120

豊田高専　→　豊田工業高等専門学校

豊田市中央図書館 ………………186

豊田多読クラブ …………………122

豊橋市図書館 ………………………18

【な行】

仲間…………………… 27, 95, 98, 110

苦手………………………… 23, 42, 118

苦手意識………………………… 7, 131

日本語教員 ………………………144

日本語教師 ………… 151, 156, 163

日本語多読…… 42, 142, 144, 146, 151, 157, 162, 163

『にほんご多読ブックス』 … 142, 162

入門………………… 6, 10, 12, 13

入門用絵本…… 15, 18, 20, 47, 55, 76, 77, 85, 88, 89, 130

沼津工業高等専門学校…………125

年齢………………… 22, 71, 123

ノートルダム大学 ………………144

ノンフィクション ………………186

【は行】

配架………………… 16, 58, 129, 147

浜松市立図書館 ……………… 18, 186

「ハリー・ポッター」 → Harry Potter

東アジア ……………………145

100万語……… 3, 7, 15, 47, 124, 136

ブックトーク …42, 66, 112, 124, 134, 148

分館………………………… 18

文京学院大学女子中学校高等学校
………………………………113

文法………… 34, 73, 129, 152, 164

ホームページ … vi, 16, 19, 40, 47, 57, 71, 76, 81, 86, 87, 88, 93, 106, 140

母語 → 母国語

母国語…………… 5, 8, 13, 145, 185

北海道大学…………………130

本選び………… 16, 27, 33, 75, 77, 122

【ま行】

マンガ……………… 136, 146, 148

南カリフォルニア大学…………145

ミニビブリオバトル …………126

むすびめの会 …………………158

メガネ探し …………………… 96

物語…iv, 2, 5, 10, 29, 45, 60, 110, 119, 131, 152

【や行】

やさしい絵本 ………… 60, 109, 168

洋書…38, 38, 44, 54, 69, 113, 134, 139

洋書絵本……………… 53, 118

読み聞かせ …… 29, 31, 33, 42, 60, 65, 109, 117, 159, 165

読みやすさ ……………… 9, 17

よむよむ文庫 → 『レベル別日本語多読ライブラリー』

4技能……………………… 10

【ら・わ行】

留学……………………6, 9

留学生……………… 137, 142

利用者アンケート ………… 22, 71

利用者支援 ………… 25, 87, 89, 94

レファレンス ………… 63, 71, 104

レベル…8, 16, 17, 22, 39, 45, 46, 54, 56, 69, 72, 75, 76, 77, 92, 100, 105, 110, 128, 131, 133, 137, 142, 147, 154, 164, 168, 186

『レベル別日本語多読ライブラリー』
……………… 142, 152, 159, 162

レベル分け ………… 147, 166, 168

朗読………… 11, 57, 66, 155

朗読音声…… 10, 56, 87, 92, 131, 182

朗読CD……………… 86, 131, 186

和訳………iv, 6, 9, 10, 14, 17, 20, 46

著者紹介

■編著者

西澤　一（にしざわ　ひとし）　豊田工業高等専門学校電気・電子システム工学科　NPO 多言語多読理事

米澤久美子（よねざわ　くみこ）　東京都立府中東高等学校　NPO 多言語多読理事

粟野真紀子（あわの　まきこ）　NPO 多言語多読副理事長

■執筆者（執筆順）

塩澤　香　おおぶ文化交流の杜図書館　多読ボランティア

熊谷　典子　新宿区立四谷図書館

吉岡　貴芳　豊田工業高等専門学校電気・電子システム工学科

鈴木　祐子　英語 tadoku クラブ，ABC4YOU 多読・読み聞かせ教室

阿部　直美　墨田区立ひきふね図書館

飯沼　恵子　多治見市図書館

神谷　洋輔　おおぶ文化交流の杜図書館

渡壁　智恵　知多市立中央図書館

大野　智子　岐阜県図書館

村川茉里子　東京都立多摩図書館

栗下　典子　岐阜県公立中学校教諭

飯野　仁美　文京学院大学女子中学校高等学校

藤井　数馬　長岡技術科学大学基盤共通教育部

阿嘉　奈月　沖縄国際大学総合文化学部

高見　敏子　北海道大学大学院メディア・コミュニケーション研究院

草薙　優加　鶴見大学文学部英語英米文学科

北亦太陽子　神戸学院大学有瀬図書館

後藤　隆昭　静岡県立大学

纐纈　憲子　ノートルダム大学日本語プログラムコーディネーター

全　惠　珍（ジュン・ヘジン）　ノートルダム大学東アジア学専任司書

畠中　朋子　国際交流基金関西国際センター専任司書

東　健太郎　国際交流基金関西国際センター日本語教育専門員

米田　雅朗　新宿区立大久保図書館館長

渡辺奈緒子　NPO 多言語多読会員

大賀美弥子　NPO 多言語多読理事

■監修

NPO 多言語多読

外国語を身につけたい人やそれを支援する人たちに，多読を提案し，
応援するための事業を行っています。

◆JLA 図書館実践シリーズ　40
図書館多読のすすめかた

2019 年 2 月 20 日　　　初版第 1 刷発行©

定価：本体 1700円（税別）

編著者：西澤一・米澤久美子・粟野真紀子
監修者：NPO多言語多読
発行者：公益社団法人　日本図書館協会
　　　　　〒104-0033　東京都中央区新川1-11-14
　　　　　Tel 03-3523-0811㈹　Fax 03-3523-0841
デザイン：笠井亞子
印刷所：㈱丸井工文社
Printed in Japan
JLA201830　　ISBN978-4-8204-1817-7
本文の用紙は中性紙を使用しています。

JLA 図書館実践シリーズ　刊行にあたって

　日本図書館協会出版委員会が「図書館員選書」を企画して 20 年あまりが経過した。図書館学研究の入門と図書館現場での実践の手引きとして、図書館関係者の座右の書を目指して刊行されてきた。

　しかし、新世紀を迎え数年を経た現在、本格的な情報化社会の到来をはじめとして、大きく社会が変化するとともに、図書館に求められるサービスも新たな展開を必要としている。市民の求める新たな要求に対応していくために、従来の枠に納まらない新たな理論構築と、先進的な図書館の実践成果を踏まえた、利用者と図書館員のための出版物が待たれている。

　そこで、新シリーズとして、「JLA 図書館実践シリーズ」をスタートさせることとなった。図書館の発展と変化する時代に即応しつつ、図書館をより一層市民のものとしていくためのシリーズ企画であり、図書館にかかわり意欲的に研究、実践を積み重ねている人々の力が出版事業に生かされることを望みたい。

　また、新世紀の図書館学への導入の書として、一般利用者の図書館利用に資する書として、図書館員の仕事の創意や疑問に答えうる書として、図書館にかかわる内外の人々に支持されていくことを切望するものである。

2004 年 7 月 20 日

日本図書館協会出版委員会

委員長　松島　茂

図書館員と図書館を知りたい人たちのための新シリーズ！

JLA 図書館実践シリーズ　既刊20冊，好評発売中

（価格は本体価格）

1. **実践型レファレンスサービス入門　補訂版**
   斎藤文男・藤村せつ子著／203p／1800円

2. **多文化サービス入門**
   日本図書館協会多文化サービス研究委員会編／198p／1800円

3. **図書館のための個人情報保護ガイドブック**
   藤倉恵一著／149p／1600円

4. **公共図書館サービス・運動の歴史 1**　そのルーツから戦後にかけて
   小川徹ほか著／266p／2100円

5. **公共図書館サービス・運動の歴史 2**　戦後の出発から現代まで
   小川徹ほか著／275p／2000円

6. **公共図書館員のための消費者健康情報提供ガイド**
   ケニヨン・カシーニ著／野添篤毅監訳／262p／2000円

7. **インターネットで文献探索　2016年版**
   伊藤民雄著／204p／1800円

8. **図書館を育てた人々　イギリス篇**
   藤野幸雄・藤野寛之著／304p／2000円

9. **公共図書館の自己評価入門**
   神奈川県図書館協会図書館評価特別委員会編／152p／1600円

10. **図書館長の仕事**　「本のある広場」をつくった図書館長の実践記
    ちばおさむ著／172p／1900円

11. **手づくり紙芝居講座**
    ときわひろみ著／194p／1900円

12. **図書館と法　図書館の諸問題への法的アプローチ　改訂版**
    鑓水三千男著／328p／2000円

13. **よい図書館施設をつくる**
    植松貞夫ほか著／125p／1800円

14. **情報リテラシー教育の実践　すべての図書館で利用教育を**
    日本図書館協会図書館利用教育委員会編／180p／1800円

15. **図書館の歩む道　ランガナタン博士の五法則に学ぶ**
    竹内悊解説／295p／2000円

16. **図書分類からながめる本の世界**
    近江哲史著／201p／1800円

17. **闘病記文庫入門　医療情報資源としての闘病記の提供方法**
    石井保志著／212p／1800円

18. **児童図書館サービス 1　運営・サービス論**
    日本図書館協会児童青少年委員会児童図書館サービス編集委員会編／310p／1900円

19. **児童図書館サービス 2　児童資料・資料組織論**
    日本図書館協会児童青少年委員会児童図書館サービス編集委員会編／322p／1900円

20. **「図書館学の五法則」をめぐる188の視点**　『図書館の歩む道』読書会から
    竹内悊編／160p／1700円